성장

성장

지은이 · 최은영
초판 발행 · 2015. 9. 16
2판 1쇄 · 2024. 10. 4

등록번호 · 제1988-000080호
등록된 곳 · 서울특별시 용산구 서빙고로65길 38
발행처 · 사단법인 두란노서원
영업부 · 2078-3333 FAX 080-749-3705
출판부 · 2078-3331

책 값은 뒤표지에 있습니다.
ISBN 978-89-531-4941-0 03230

ⓒ 이 출판물은 저작권법에 의해 보호를 받는 저작물이므로
무단 전재와 무단 복제, 무단 사용을 할 수 없습니다.

*편집부에서 독자의 의견을 기다립니다.
tpress@duranno.com   http://www.duranno.com

두란노서원은 바울 사도가 3차 전도 여행 때 에베소에서 성령 받은 제자들을 따로 세워 하나님의 말씀으로 양육하던 장소입니다. 사도행전 19장 8-20절의 정신에 따라 첫째 목회자를 돕는 사역과 평신도를 훈련시키는 사역, 둘째 세계선교(TIM)와 문서선교(단행본·잡지) 사역, 셋째 예수문화 및 경배와 찬양 사역, 그리고 가정·상담 사역 등을 감당하고 있습니다. 1980년 12월 22일에 창립된 두란노서원은 주님 오실 때까지 이 사역들을 계속할 것입니다.

나와 자녀의 마음이
건강하게 자라는 비결

성장

최은영 지음

두란노

추천사

최은영 상담학 교수를 만나면 바로 치유를 느낀다. 방황하는 십대 아들들로 인해 어려움을 겪은 뒤 하나님을 만나 자유와 평화를 체험한 분이기 때문이다. 하나님으로 인해 자신은 물론 아들들도 치유한 건강한 상담자이기 때문이다. 예수님은 말씀하셨다.
"의사야 너 자신을 고치라"(눅 4:23).
최 교수는 치유를 체험한 건강한 의사다. 그는 서울대학교에서 약학과 상담학을 공부한 후 25년 동안 분노와 불안, 우울과 중독에 빠져 있는 청소년들의 문제를 해결하기 위해 연구했고, 그 결과 고통 속에서 몸부림치는 청소년과 부모들의 치유자가 되었다.

이 책은 최은영 교수가 오랜 세월 학문과 임상 경험을 통해 얻은 지혜를 저술한 것으로, 지금도 분노와 불안, 우울, 중독의 사슬에 묶여 고통 속에 있는 수많은 청소년을 치유하고, 그들을 안타깝게 바라보는 부모들을 위로해 주는 책이다. 영적인 자유는 속박하는 모든 것에서 자유를 일으킨다.
"진리를 알지니 진리가 너희를 자유롭게 하리라"(요 8:32).

김상복(횃불트리니티신학대학원대학교 챈슬러, 할렐루야교회 원로목사)

누군가는 "사춘기 자녀를 키워 보지 않고는 인생을 논하지 말라"고 했다. 그만큼 청소년기 자녀를 둔 부모들이 혼돈과 좌절, 죄책감과 후회, 때로는 분노와 눈물로 어려운 시간들을 보내고 있다는 뜻일 것이다. 그러나 청소년들의 방황은 극복하고 나면 오히려 독립과 자아 정체성이라는 정말 귀하고 소중한 선물이 되어 인생을 성장시킨다. 그러므로 부모가 때로 냉정한 이성과 지식으로, 때로 믿음과 기도로 인내하면 자녀는 결국 부쩍 성장한 모습으로 반드시 돌아오게 되어 있다. 부모는 다만 그들의 반항과 문제들에 압도당하지만 않으면 된다.

이 책은 청소년 자녀가 표출하는 분노, 불안, 우울, 중독의 문제와 함께 학습 부진과 진로의 문제까지 아주 실제적인 것을 다루고 있다. 무엇보다 청소년 자녀의 심리를 이해하는 데서 끝나지 않고 실질적으로 그들을 돕고 대처하는 방법을 제시하고 있다는 점에서 사춘기 자녀를 둔 부모들에게 큰 도움이 될 것이라 본다. 특히 자녀들의 문제 행동을 성령의 열매인 화평, 사랑, 희락, 절제, 인내, 충성과 짝지어 그 결실의 방향을 제시한 것이 탁월하다.

상담과 심리학을 부모의 현실로 가져와 체휼한 이 책이 세상에 나오게 된 것을 진심으로 기쁘게 생각한다.

이기복(횃불트리니티신학대학원대학교 기독교상담학과 초빙교수)

최은영 교수의 《성장》은 청소년들이 겪기 쉬운 감정과 진로, 학습 문제를 잘 정리한 책이다. 특히 주목할 것은, 청소년 자녀의 질풍노도를 함께 지나가는 부모들에게 그 어려움을 하나님과의 관계에서 어떻게 해결해 나갈 것인가를 제시하고 있다는 점이다. 그런 점에서 이 책은 신앙과 상담을 통합한 책으로서 중요한 가치를 갖는다.

김용태(횃불트리니티신학대학원대학교 기독교상담학과 교수)

청소년기를 지나고 있는 대부분의 자녀가 겪음직한 6가지 성장 주제(분노, 불안, 우울, 중독, 학습, 진로)가 참 포괄적이고 적절하다. 각 주제마다 간략하지만 핵심에 이르는 상담학적 분석과 성경적 재해석이 참 매끄럽게 호응한다. 거기에 어우러진 최은영 교수의 개인적, 신앙적, 상담적 삶과 경험은 비빔밥처럼 참 맛있다.

상담과 신앙의 원리를 통합적으로 적용하여 자녀를 양육하고자 하는 부모님들께 강추한다!

김창대(서울대학교 교육학과 교수, 현 한국상담학회 회장)

'청소년대화의광장'에서 같이 일하면서 그리고 박사과정에 있던 그를 가르치면서 최은영 교수님의 신실하고 성실한 면모는 익히 알고 있는 바였다. 그리스도인으로서의 삶과 전문가로서 25년간의 상담 경험이 녹아 있는 《성장》에도 교수님의 그런 면모가 잘 드러나 있어서 더 반가웠다.

《성장》의 강점은 무엇보다 교수님 자신이 십대 자녀를 키우며 경험한 성장통을 재료 삼고 있어서 청소년 자녀와 갈등하고 고민하는 부모들이 크게 공감할 만하다는 것이다. 특히 그 해법이 하나님의 자녀로서 건전한 가치관과 생활양식을 갖도록 이끈다는 점에서 이 책이 많은 부모들에게, 그리고 자녀들에게 소중한 길잡이가 될 것이라 확신한다. 뿐만 아니라 주일학교 교사나 기독교 상담자들에게도 도움이 될 만한 내용이 많다. 일독하기를 추천한다.

남상인(순천향대학교 청소년교육상담학과 교수, 전 한국상담학회 회장)

프롤로그

하나님 앞에 서기

자녀, 특히 사춘기 자녀를 양육하는 일은 정말 쉽지 않습니다. 이것은 누구에게나 그렇습니다. 교회에서 소그룹으로 모여 기도 제목을 나눌 때면 사춘기에 접어든 자녀들에 대한 기도가 정말 많습니다. 부모들의 깊은 한숨과 눈물, 좌절과 고통이 담긴 기도 제목들입니다.

나 역시 사춘기를 지나는 두 아들을 키우며 비슷한 어려움을 겪었습니다. 나는 지난 25년간, 청소년, 부부와 가족, 중독 등과 관련된 상담을 하고 가르치면서 많은 청소년과 부모들을 만났습니다.

그러나 무엇보다 내가 만나야 했던 사람은 바로 나 자신이었습니다. 나는 가난한 집에 시집와서 남편을 미국으로 유학 보내고 혼자서 살림을 책임지겠다고 얼토당토않게 무거운 짐을 어깨에 짊어졌습니다. 더구나 내가 일하는 분야에서 최고가 되겠다고 정신없이 뛰어다녔습니다.

그러는 동안 나의 두 아들은 어린 나이에 벌써 외로움을 알았습니다. 큰아들은 사춘기를 지나며 심하게 앓았습니다. 그것은 '최고'를 향해 달리던 나의 달음질을 멈춰 세우려는 아이의 격렬한 몸짓이었습니다.

"내가 너를 위해 내 아들을 내어 주었다. 더 이상 네게 뭐가 더 필요하니?"

큰아이의 반항과 탈선에도 아랑곳 않는 나에게 하나님이 찾아오셔서 하신 말씀입니다. 그제야 나는 무릎을 꿇고 항복했습니다. 하염없이 참회의 눈물을 흘리고 나자 그제야 내가 그동안 하나님 편이 아닌 세상 편에 서서 죽을힘을 다해 싸웠구나라는 걸 깨닫게 되었습니다.

그런데 참으로 놀랍게도 그 시간부터 아이들이 변하기 시작했습니다. 내가 하나님과 바른 관계 안으로 들어서자, 빗나가던 아이들이 제자리를 찾게 된 것입니다.

나는 나에게 일어난 일을 믿음의 부모님들과 함께 나누고 싶었습니다. 때마침 두란노에서 '십대 자녀 부모코칭' 기획 강의를 제안하여 하나님의 뜻으로 알고 매 시간 감사한 마음으로 강의에 임했습니다. 그리고 6주간 나눈 강의 내용을 이렇게 책으로 정리하게 되었습니다. 부디 이 책이 들끓는 시기를 지나는 십대 자녀들과 공감하고 이해하고 격려하는 길잡이가 되기를 바랍니다. 그리고 무엇보다 나를 만나 주신 하나님께서 독자 여러분에게도 영적 부흥을 일으키시길 기도합니다.

  이 책에서는 사춘기 자녀들이 많이 겪고 있는 분노, 불안, 우울, 중독의 문제와 이들 문제에서 빠져나온 뒤 적응하는 과정에서 필요한 학습과 진로와 관련된 상담을 성령의 열매와 연결해 보았습니다. 사춘기 자녀와 힘든 시간을 지나는 분들이 이 책을 통해 하나님 앞에서 자신과 자녀를 돌아보는 시간이 되기를 바랍니다.

2015년 9월
최은영

Contents

추천사 4
프롤로그 8

분노

Chapter 1　내 아이는 무엇 때문에 화가 날까?　16
　　　　　　분노의 원인

Chapter 2　화평의 열매를 함께 맺으려면?　36
　　　　　　분노의 성경적 해법

불안

| Chapter 3 | 무엇이 내 아이를 불안하게 만들까? | 54 |

불안의 원인

| Chapter 4 | 사랑의 열매를 함께 맺으려면? | 82 |

불안의 성경적 해법

우울

| Chapter 5 | 무력감과 우울감은 어떻게 생길까? | 90 |

우울의 원인

| Chapter 6 | 희락의 열매를 함께 맺으려면? | 110 |

우울의 성경적 해법

중독

Chapter 7	게임과 스마트폰에서 벗어나는 길은?	128
	중독의 원인	

Chapter 8	절제의 열매를 함께 맺으려면?	148
	중독의 성경적 해법	

학습

Chapter 9　무엇이 갖추어지면 아이가 공부할까?　156
　　　　　학습의 이론과 실제

Chapter 10　인내의 열매를 함께 맺으려면?　178
　　　　　학습에 대한 성경적 해법

진로

Chapter 11　우리 아이는 어떤 인생을 살게 될까?　186
　　　　　진로의 이론과 실제

Chapter 12　충성의 열매를 함께 맺으려면?　212
　　　　　진로에 대한 성경적 해법

에필로그　220
미주　224

Chapter 1

내 아이는 무엇 때문에 화가 날까?

분노의 원인

나의 첫 직장생활은 현재 한국청소년상담복지개발원이라고 불리는, 한국청소년상담원이라는 곳에서 시작됐다. 1990년대에는 청소년들이 환각성 물질에 중독되는 현상이 빈번하게 발생했다. 이러한 중독 문제에 빠진 청소년들을 만나서 상담하고 문제를 해결하는 것이 나의 일이었다.

나는 어렸을 때부터 무엇을 하든지 1등을 목표로 했다. 직장생활도 최고로 인정받는 것을 목표로 했다. 하지만 일에 집중하면 할수록 하나님께서 마음에 주시는 음성이 있었다. 내가 무엇에 가치를 두고 있는지, 내 인생에서 가장 중요한 것이 무엇인지를 생각하게 하는 말씀이었다. 그리고 그 음성은 큰아들의 탈선과 비행을 통해 마침내 현실과 대면하게 했고, 나는 그제야 비로소 1등 제일주의를 내려놓게 되었다. 이 과정에서 나는 물론이고 아들도 성장하고 변화했다.

나는 부모가 하나님 앞에 바로 설 때, 자녀들 또한 하나님의 길로 돌아올 수 있다고 믿는다.

이제부터 내가 지금까지 상담과 상담 교육을 통해 얻게 된 경험과 하나님을 긍휼의 아버지로서 다시 만나 참회의 삶을 살면서 겪은 일을 부모님들과 자유롭게 나누고자 한다. 감히 바라기는 이 책을 읽는 부모들에게 마치 '상담대학원 강의실에 앉아 하나님을 만나는 부흥 집회'를 하는 것과 같은 감동을 주었으면 좋겠다.

코칭이란?

코칭(coaching)이란 개인의 목표를 성취할 수 있도록 자신감과 의욕을 고취시키고, 실력과 잠재력을 최대한 발휘할 수 있도록 돕는 일을 의미한다. 커다란 사륜마차를 가리키는 '코치'(coach)에서 나온 말로, 사람을 목적지까지 운반한다는 의미에서 목표점에 다다를 수 있도록 인도한다는 뜻이다. 코치는 1830년대 영국 옥스퍼드 대학에서 학생들의 시험 통과를 돕는 가정교사 일을 가리키는 말에서 유래했다. 그런 점에서 이 책이 자녀를 둔 부모가 겪는 문제들을 해결하는 데 가정교사와 같은 역할을 할 수 있기를 바란다.

앞으로 자녀들이 겪는 문제 감정인 분노와 불안, 우울, 중독에 관해 다루려 한다. 또 십대 자녀들이 가장 많은 관심을 갖고 있는 진로와 학습에 대해서도 알아보고자 한다.

나는 20대 중반부터 청소년 상담을 시작했는데 그동안 많은 청소년들을 만났다. 그 가운데 전자오락과 도벽에 빠진 초등학교 5학년 남자아이가 기억에 남는다.

아이의 아버지는 만성 알코올중독자였고, 어머니는 장갑 공장에 다니며 어렵게 생계를 꾸려 나갔다. 어머니는 임신 8개월째에야 임신 사실을 알았을 만큼 바쁜 일상을 보내고 있었고, 그것은 아기가 태어난 뒤에도 변함이 없었다. 당장 목구멍이 포도청인지라 어머니는 아이를 집에 가둬 놓고 일을 나가야 했다.

아이는 태어나는 순간부터 부모와는 물론 어느 누구와도 관계를 맺지 못한 채 자랐다. 학교에 입학했으나 또래와 어울리는 방법을 몰랐던 아이는 자기만의 세계에 빠지기 시작했고, 마침내 전자오락의 세계에 빠져들어 중독되기에 이르렀다. 그런데 전자오락을 하려면 돈이 필요했으므로 급기야는 돈을 훔치기 시작했다.

아이는 나와 6개월간 상담을 해서 전자오락과 도벽을 끊을 수 있었지만 그것도 잠시, 머지않아 다시 그 세계에 빠져들었다.

나는 안타까운 마음에 무엇이 잘못되었는지 상담 과정을 검토하다가 한 가지 사실을 깨달았다. 그 아이는 나와 상담하는 시간을 통해 태어나서 느껴 본 적 없는 관계의 즐거움을 경험했던 것이다. 상담이 끝나면 더 이상 나를 볼 수 없다는 것을 알고, 상담을 계속하기 위해 다시 전자오락을 시작한 것이다. 내가 아이에게 다른 상담 목표가 있으면 계속 상담할 수 있다고 하자, 아이는 반색을 하며 6학년이 되면 성적이 오르는 것을 목표로 삼겠다고 했다.

나는 이 아이를 만나면서 어떤 아이든 계속해서 좌절의 경험을 하고 싶어 하지 않는다는 것과, 자신의 문제를 해결하고 성장하는 과정에서 적극적인 기쁨을 느끼고 싶어 한다는 사실을 알았다. 우리가 하나님 안에서 자라 가며 하나님의 뜻을 알고 그 뜻에 따라 살면서 느끼는 즐거움을 아이들도 경험하고 싶어 하는 것이다.

대상관계 이론으로 풀어 보는 나와 부모의 관계

대상관계 이론이란, 부모와 나 사이에서 일어난 일이 나와 내 자녀 사이에서, 그리고 다른 사람과의 인간관계에서 다시 되풀이되는 것을 말한다.

나는 목회자인 아버지의 설교를 듣고 자랐다. 대학원 1학년 때, 예수님께서 천사들이 나팔을 부는 가운데 구름 타고 다시 오실 것이라는 아버지의 설교를 들으며 얼굴이 화끈거릴 정도로 부끄러웠다. 상식적으로 말이 안 되는 이야기라고 생각했기 때문이다. 따라서 성경 말씀도 내 삶에 그다지 영향을 미치지 못했다.

아버지가 파킨슨병에 걸려 돌아가신 지 7년째 되어 간다. 미국에서 투병생활 하던 아버지를 나는 매년 찾아갔는데, 그때마다 아버지에게 묻고 싶은 것이 있었다. 그리스도인은 죽어도 산다고, 믿음으로 살자고 한 아버지가 병석에서 무력하게 죽음을 기다리면서 과연 무슨 생각을 하는지 궁금했다. 하지만 아버지의 입에서 하나님을 원망하는 말이 나올까 봐 두려워서 묻지 못했다. 파킨슨병이 어떤 병인가. 하루하루 신경이 마비되고 근육이 마비되어 죽어 가는 병이 아닌가. 병이 나을 수도 있다는 희망을 가져 볼 수 있는 병이 아니었다. 그러니 매 순간이 좌절이요 절망이 아닐까 싶었던 것이다.

신경과 근육이 마비되는 것은 물론이고 결국 목소리조차 낼 수 없는 상황이 되었을 때에야 나는 아버지에게 하루 종일 누워서 무슨 생각을 하느냐고 물었다. 그때 아버지의 입에선 뜻밖에도 '성경'이라는 대답이 돌아왔다. 나는 아버지의 대답을 듣고 무엇보다 감사했다. 너무나 감사했다.

아무것도 먹지 못하고 눈도 뜨지 못하는 상황에서도 손자들이 떡볶이 먹는 것을 보고 과일과 채소를 많이 먹으라던 아버지는 역시 아버지답게 죽음을 눈앞에 두고도 진리인 말씀을 붙들었다. 나도 내 아버지처럼 살고 싶었다. 이것은 지금까지 성공을 바라보며 달려온 내 삶의 태도를 바꾼 또 하나의 계기였다. 나는 40여 년간 아버지가 강단에서 선포하신 말씀보다, 8년간 투병하시며 삶으로 보여 주신 말씀에 의해 더 크게 변화되었다.

최영민 교수의 저서 《쉽게 쓴 정신분석이론》[1]에 소개된 대상관계의 개념을 빌어 다음과 같은 장면을 생각해 보았다.

수업 시간에 선생님이 학생들에게 질문을 했다. A라는 학생은 답을 모르지만 손을 들었다. B라는 학생은 답을 알지만 손을 들지 않았다. C라는 학생은 정답을 맞히는 아이를 기분 나쁜 표정으로 바라보았다.

이 세 유형의 학생 중 내 자녀는 어떤 유형에 속할까? 또 어렸을 때 당신은 어떤 유형에 속했는가? 각 유형의 학생들은 어떤 가정에서 어떤 부모 밑에서 성장했을까?

먼저, A학생의 부모는 어떤 분일까? A학생은 답을 모르지만 무조건 손을 들었다. 이 학생의 부모는 아이를 무조건 기다려 주고, 틀려도 혼을 낸 적이 없었을 것이다. 한편, 사회생활의 규칙을 안 가르쳐 준 부모일 수도 있다. 이 아이는 자신 있게 손을 들지만 답을 모르기 때문에 선생님에게 좋은 평가를 받을 수 없다. 이로 인해 좌절을 경험하게 된다.

B학생은 답을 알면서도 손을 들지 않는다. 이 아이는 칭찬에 인색한 부모 밑에서 자라났을 것이다. 부모로부터 인정 욕구가 좌절된 상태이기 때문에 손을 들고 답을 맞혀도 선생님이 알아주지 않을 것이라고 판단하게 된다. 또는, 정답을 말했음에도 불구하고 부모에게 꾸지람을 들은 경험을 했을 수도 있다. 부모의 삶이 고달프고 힘

들면 아이가 자라는 과정이 보이지 않는다. 아이가 칭찬받을 만큼 무언가를 열심히 해서 보여 줘도 눈에 들어오지 않게 된다.

C학생은 정답을 맞힌 아이를 기분 나쁜 표정으로 바라본다. 이 아이는 부모에게서 편애를 경험한 아이일 수 있다. 공부 잘하는 형만 편애하고 자신은 무시하는 부모를 둔 아이는 선생님한테 인정받는 아이들을 보면 기분이 나빠진다.

이처럼 대상관계 이론의 핵심은, 아이가 가정에서 겪는 부모와 형제의 관계가 가정 밖의 인간관계에서 반복되고 재현된다는 것이다.

현실을 알자 좌절하는 아이들

분노의 심리학적 정의는 욕구 좌절의 표현이다. 예를 들면, 어떤 교수가 강의를 11시 10분까지 진행하고 쉬는 시간을 갖겠다고 했는데 30분이 되어도 끝내지 않는다. 화장실도 급하고 물도 마시고 싶은데 약속을 지키지 않고 계속 강의를 진행하면 쉬고 싶다는 욕구가 좌절되어 화가 난다.

전쟁이 일어난다면 적이 가장 무서워할 사람이 '중2'라는 우스갯소리가 있다. 언제 터질지 모르는 시한폭탄 같은 중학교 2학년 청소년들의 반항과 일탈을 나타내는 말이다. 도대체 중학교 2학년 때 무슨 일이 일어나기에 아이들은 이렇게 공포스런 존재가 되는 걸까?

만 11~12세가 되면 피아제(Jean Piaget)의 인지발달단계 가운데 마지막 단계인 형식적 조작기에 진입하게 된다. 이 단계의 아이들은 추론하기, 논리적으로 사고하기, 결론 내려 보기의 틀을 갖고 사고하기 시작한다. 이렇게 형식적 조작기가 완성되면 부모가 최고인 줄 알던 의식이 깨지기 시작한다. 아이들은 주변의 다른 엄마들과 자신의 엄마를 비교 분석한 뒤 나름대로 논리적인 결론을 내린다. 자신의 가정과 친구들의 가정을 비교, 분석하고 추론한다. 그 결과 자신의 엄마 아빠가 자신에게 보이는 태도가 불합리하고, 불공평하며, 불의하다는 결론에 도달하게 된다면, 이때부터 자녀는 절대적이던 엄마의 말을 거역하고 반항하기 시작한다.

사춘기 자녀들의 또 다른 특징은 진로에 대한 현실감이 생기기 시작한다는 점이다.

수퍼(Super)의 진로발달단계에 따르면 유치원 입학 전까지는 '환상기'라고 한다. 피터 팬이나 슈퍼맨 등이 되고 싶다는 상상을 하는 것이다.

그리고 초등학교 저학년까지는 '진로 흥미기'라고 한다. 예를 들어, 노래하는 것을 좋아하는 아이는 가수가 되고 싶어 하고, 그림 그리기를 좋아하는 아이는 화가가 되고 싶어 한다.

초등학교 4, 5학년이 되면 '진로 능력기'에 접어든다. 예를 들어, 좋아서 그림을 그렸는데 짝꿍이 자신의 그림을 못 그렸다고 평가하면, 좋아하는 것이 아닌 잘하는 것으로 진로를 변경하게 된다.

중학생이 되면 아이들은 현실감을 갖게 되어 이른바 '진로 현실기'에 진입한다. 이때 아이들은 현실을 깨닫게 되면서 좌절을 경험하기 시작한다. 사춘기 아이들이 일탈 행동을 하는 것은 현실에 좌절했기 때문이다.

소년원에서 만난 아이들 중에서 조직의 '오야'라는 아이가 있었다. 자기 아래로 부하들을 거느리며 지시만 내리는 아이였다. 그 아이는 중학교 2학년 때까지 전교 3등을 할 정도로 공부를 잘했다고 한다. 그 아이의 꿈은 의사였다. 하지만 자신의 삶에 현실감을 갖게 되면서 자기가 처한 환경을 돌아보니, 엄마는 가출해서 없고 아버지는 하루 벌어 하루 먹고사는 일용직 노동자였다. 그런 아버지에게서 대학에서 가장 비싸다는 의대 학비를 기대하기 어렵다는 판단을 한 아이는 그때부터 진로를 바꿔 조직의 오야가 되었다.

분노의 또 다른 이름

대부분의 중학생들은 현실감이 생기기 시작하면서 좌절을 경험하게 된다. 그리고 현실 사회에서는 자신의 환경이나 성적으로는 꿈꾸는 세계를 얻을 수 없다는 사실을 깨닫고 분노하기 시작한다.

이처럼 화가 날 때는 그 안에 감춰진 진짜 감정이 있다. 어떤 감정은 때로 분노를 숨기고 나타나기도 한다. 나는 이런 것을 '분노의 또 다른 이름'이라고 이름을 붙여 보았다.

그렇다면 어떤 상황에서 화가 날까?

첫째, 불의와 불공평의 상황에 놓이면 화가 난다. 아이들은 자신과 다른 형제가 받는 부모의 사랑이 똑같지 않을 때 불공평함을 느낀다. 또한 우리 사회에서 자신의 가정이 처한 사회·경제적 상황을 바라보며 사회구조적인 불의와 불공평으로 인해 화가 치밀 수 있다.

둘째, 상실감이 우리를 화나게 한다. 어릴 적 부모를 여읜 사람들은 신앙생활을 하면서도 상실감으로 인해 갈등을 빚고 하나님을 원망할 수 있다.

이처럼 불의와 불공평, 상실감으로 인해 분노하다 보면 절망을 느끼게 된다. 때로는 이로 인해 수치심을 느끼기도 한다.

내 아이가 학교에서 받아쓰기를 했는데 40점을 맞았다고 하자. 부모는 아이의 점수에 화가 나는 것이 아니라, 내 머리가 나빠서 아이가 공부를 못한다는 수치심을 느끼게 된다. 이렇게 수치심을 느끼면 사람들은 스스로 자기를 보호하기 위해 화를 내게 된다. 이 분노는 슬픔을 부른다. 그러다 자신의 행동을 후회하고 과거에 잘못한 일까지 떠올리며 눈물을 흘린다.

드라마를 보면 막 울면서 화내는 장면이 종종 나온다. 이때 그의 입에서 나오는 말을 잘 들어 보면 대개 좌절과 절망에 대한 것이다. 나는 이것도 없었고, 저것도 없었고, 이랬으면 좋았을 것이고, 그러지 말았어야 했다고 울면서 쏟아내는 것이다. 이처럼 슬픔은 분노의 또 다른 이름이다.

갈랜드가 정의한 분노란?

가정사역학자인 갈랜드(Garland)[2]는 분노는 두려움을 피하기 위한 것이라고 말했다. 어떤 두려움일까?

첫째, 신체적 위협으로부터 생기는 두려움이다. 길을 가는데 갑자기 차가 와서 치일 뻔했을 때, 우리는 신체적으로 위협을 느끼며 본능적으로 운전자에게 화를 내게 된다.

둘째, 힘과 통제에 의한 관계적 위협으로부터 생기는 두려움이다. 대부분의 아이들은 관계적 위협을 통해 두려움을 많이 느낀다. 부모가 모든 일에 간섭하고 통제하려고 들면, 아이들은 자기 자리가 없어질지도 모른다는 두려움을 느끼고 화를 내게 된다. 이럴 때,

부모는 아이가 원하는 것이 무엇인지 물어보고 자녀 스스로 자신의 일을 결정할 수 있는 자유를 부여해야 한다.

셋째, 자존감의 위협으로부터 생기는 두려움이다. 자존감이 위협당하면 수치심을 느끼게 된다. 사람들은 각자 부끄러움을 들키지 않기 위해 애를 쓴다.

내가 분당 샘물교회에 다녔을 때의 일이다. 특별새벽기도회에 가고 싶지 않다는 둘째를 억지로 데려갔더니 그날따라 우리 아이 얼굴이 카메라에 잡혀서 대형 화면에 나왔다. 얼굴을 잔뜩 찡그린 막내의 얼굴이 화면 가득 잡힌 것을 보고 나도 모르게 얼굴이 화끈거리면서 화가 났다. 집으로 돌아오는 차에서 아이에게 얼굴이 그게 뭐냐고, 네가 그러면 내가 뭐가 되냐고 언성을 높이며 화를 냈다. 지금 생각하면 참 부끄러운 일인데, 그때는 수치심 때문에 분노를 조절할 수 없었다.

부모는 자녀들이 감추고 싶어 하는 부분을 교육이라는 이름으로 들춰내며 수치심을 느끼게 하는 경우가 종종 있다. 그러면 아이들은 부끄러운 자신의 모습과 더불어, 이를 들추어 자신들의 자존감을 위협하는 부모에게 분노하게 된다.

분노와 관련된 자녀의 문제 행동들

분노와 관련된 문제 행동들에는 무엇이 있을까? 사례를 통해 살펴보도록 하자.

첫째, 우울이다. 욕구 좌절의 원인이 자기 자신이라고 여겨서 분노하는 가운데 나타나는 행동이다. 예를 들어, 알코올중독자인 아버지와 그런 아버지에게 매 맞으며 불쌍하게 사는 어머니를 둔 아이가 있었다. 이 아이는 어머니가 아버지한테 맞으면서도 가정을 지켜 주는 것에 대해 고마움을 느끼며 효녀가 되고 싶어 했다. 어머니 또한 남편이 채워 주지 못한 부분을 딸이 채워 주기를 바라며 아이에게 기대는 한편, 이것저것을 요구했다.

그런데 이 아이가 우울증에 걸렸다. 왜 그랬을까? 아이는 어머니를 기쁘게 하는 효녀가 되지 못하자 자신을 탓하며 분노하게 되었고, '스스로 기대하던 모습의 자신'이 되지 못한 것에 낙심해 급기야 우울증을 앓게 된 것이다. 우울증은 분노를 나를 향해 쏟아 내는 것이다.

둘째, 섭식장애다. 사춘기에 접어든 여자아이들에게서 많이 나타나는 행동이다. 이는 주로 외모를 통한 완벽성을 추구하려는 경향에서 비롯된다. 마르고 예쁜 연예인처럼 되고 싶어서 먹고 토하는 행동을 반복한다. 그리고 주로 통제적인 어머니를 둔 아이들이 먹는 것이 통제가 안 되거나 먹고 토하는 행동으로 분노를 표출한다. 정신분석학자들 가운데에는 부모가 가장 두려워하는 것이 '자식의 건강을 해치는 것'임을 알고 무의식적으로 부모에 대한 분노를 자녀들이 거식증이나 폭식증으로 드러낸다고 보는 이들이 있다.

셋째, 자살이다. 일반적으로 자신에게 지나치게 화가 나서, 자기 자신을 학대하며 스스로 처벌하려는 데서 비롯된다. 또는 부모를 향한 분노를 자신의 죽음으로 갚으려는 시도를 한다.

넷째, 중독이다. 중독이란 다른 대상을 통해 욕구 좌절을 해결하고자 하는 현상이다. 학교에서 전교 1등을 하는 아이들은 게임 중독에 거의 빠지지 않는다. 현실에서도 충분히 자신의 가치를 증명할 수 있기 때문이다. 하지만 현실에서 자신의 가치를 인정받지 못하는 아이들은 게임에 쉽게 빠지게 된다. 게임이라는 가상 세계에서 그동안 결핍되었던 인정 욕구가 충족되면 게임의 세계는 자신에게 완벽한 세계가 되고, 그러면 게임을 끊기가 쉽지 않다.

부모에게 사랑받지 못한 아이들은 성 중독자가 된다. 부모에게 받아야 할 사랑과 친밀감을 다른 대상에게서 충족하려 들기 때문이다.

약물 중독도 있다. 정신병원에서 만난 중학교 2학년 아이는 다섯 살 때 엄마가 돌아가셨다. 외롭게 산 아이는 롤러 스케이트장에서 또래 친구들과 언니들을 만났다. 친구들과 언니들이 엄마 산소에 가는 버스비를 대주며 친절하게 대해 주자 그들과 함께 어울리며 가스를 불기 시작했다. 우여곡절 끝에 다른 친구들은 가스를 끊었지만, 이 아이는 가스를 끊지 못했다. 가스를 부는 순간 환각 상태에서 엄마의 얼굴을 보았기 때문이다. 엄마의 부재로 인한 외로움이 가스를 찾게 만들었고, 결국 아이는 정신병원에 갇히게 되었다.

다섯째, 가출이다. 이것은 분노의 또 다른 표현 방법으로 집이 싫고 부모에게 화가 났다는 것을 보여 주기 위해 집을 나가게 된다.

여섯째, 폭력이다. 폭력은 분노의 직접적인 표현이다. 우리는 화가 나면 누군가를 때리거나 때리고 싶어진다. 가령, 아버지에게서 버림받은 경험이 있는 아이가 아버지가 없다는 이유로 주변 사람들에게 무시를 당하면 버려진 것에 대한 분노와 함께 아버지와 함께 하지 못한 상실감으로 인해 화를 키우다 나중에 폭력으로 폭발할 수 있다.

마지막으로 일곱째, 조현증이다. 조현증이란 이전의 정신분열증을 조금 더 부드러운 표현으로 바꾼 말이다. 현실에서 분노와 대면하는 것을 극단적으로 회피하는 경우에 발생할 수 있다. 조현증을 겪는 아이들을 살펴보면, 대개 견디기 힘든 엄청난 스트레스를 받은 경험이 있다.

어떤 아이는 일곱 살 때 새벽에 일어났는데 아빠가 엄마 배에 칼을 들이대고 있는 것을 보았다. 평소에도 이 아이의 부모는 시도 때도 없이 싸웠다. 그런데 간혹 집안이 평안할 때가 있는데, 그때는 아이의 성적이 좋았을 때였다. 아이는 자신이 공부를 잘하면 엄마가 아빠한테 죽임을 당하지 않을 것이라 생각해서 그때부터 외국어고등학교 진학을 목표로 목숨을 걸고 공부했다. 하지만 중3때 외고 진학에 실패했다. 그러자 자신이 더 이상 엄마를 지켜 줄 수 없고, 따라서 엄마가 죽을지도 모른다는 두려움으로 인해 필사적으로 현실을 도망치기 시작했다. 엄마가 없는 세상을 제정신으로 살 수 없겠다는 두려움이 조현증을 가져온 것이다.

　지금까지 자녀나 주변 청소년들이 보이는 문제 행동과 그들의 좌절된 욕구, 즉 분노가 어떻게 연결되는지 살펴보았다. 우리 아이들은 무엇 때문에 분노하고, 이것이 그들의 삶에서 어떻게 드러나고 있는지 가늠할 수 있겠는가? 문제의 해법은 이에 대한 정확한 평가에서 시작된다.

01

나는 언제 화가 날까?

02

나는 어렸을 때 어떤 욕구가 좌절되었을까?

03

우리 아이는 언제 화를 낼까? 어떤 욕구가 좌절되는 걸까?

04

아이의 분노에 내가 미치는 영향은 무엇일까?

어떤 아이든 자신의 문제를 해결하고
성장하는 과정에서 적극적인 기쁨을 느끼고 싶어 한다.

chapter 2

화평의 열매를 함께 맺으려면?

분노의 성경적 해법

자녀 분노의 공통 기원은 부모다

부모는 사랑과 정성을 다해 자녀를 기르지만, 청소년 자녀들이 가진 분노의 기원은 대부분 부모에서 출발한다. 왜냐하면 부모의 분노가 해결되지 않은 상태로 자녀를 양육하기 때문이다. 분노가 해결되지 않은 부모는 자녀에게 그 분노를 폭발하기 쉽다.

당신은 아이들한테 화내지도 않고 분내지도 않는가? 하지만 나는 앞에서 좌절과 절망, 수치심, 슬픔 등도 분노의 또 다른 표현이라고 했다. 내게 결핍된 것들, 나를 두렵게 하는 것들도 분노의 또 다른 이름들이다. 아직 해결되지 못한 이런 것들이 아이들에게 영향을 미쳐서 아이를 분노하게 만드는 것이다.

나의 큰아들은 초등학교 4학년 때부터 PC방을 제 집처럼 드나들었다. 내가 상담해 온 게임 중독에 빠진 아이들과 다를 바 없었다. 큰아들은 왜 그렇게 게임을 하러 다녔을까?

엄마인 내가 늘 집에 없었기 때문이다. 나는 우리 아이 둘을 방학을 이용해 출산했다. 출산 뒤에도 쉬지 않고 계속 일을 했다.

어느 날, 같은 동네에 사는 아이 친구의 엄마가 나에게 당신 큰아들이 요즘 어떻게 지내고 있는지 아느냐고 물었다. 나는 새벽 6시 반에 나가서 밤 11시에 들어오기 때문에 아이가 어떻게 지내는지 알 길이 없었다. 그녀는 당신 큰아들이 반 친구들을 PC방에 데려가서 돈을 대 주며 게임을 한다고 했다. 그 돈은 모두 내 지갑에서 나왔다. 하지만 나는 너무 바빠서 큰아들이 돈을 가져갔는지도 몰랐다. 게다가 큰아들의 상황을 알고도 직장을 그만두지 않았다.

큰아이가 중학교 2학년이 된 어느 날이었다. 청소년 약물 중독에 관한 자격시험 문제를 내고 집에 들어서는데 학교에서 전화가 왔다. 큰아이가 학교 옥상에서 담배를 피우다 걸렸으니 학교로 와 달라는 것이었다. 그 순간 나는 이 사건이 나와 아이의 문제가 아니라 나와 하나님의 문제라는 사실을 직감했다. "너는 내가 내 아들을 내어 줬는데 뭘 더하려고 그러니? 그걸로 충분하지 않니?" 하는 하나님의 안타까운 음성이 내 마음을 울렸다.

나의 어머니는 전쟁고아였다. 북한에서 피난 오던 중 할아버지는 미국의 폭격을 받고 대동강에서 행방불명이 되었고, 할머니는 무사히 남한까지 피난했으나 어머니가 열세 살 때 돌아가셨다. 그렇게 고아가 된 어머니는 깊은 상실감을 느끼며 살아야 했다. 그래서인지 어머니는 우리 세 남매에게 당신이 빼앗긴 인생을 보상받으려는 듯 끊임없이 "공부 잘해라, 더 많이 배워라" 하고 요구하셨다. 여기에 목회자인 아버지는 반듯하고 바르게 살 것을 요구하셨다.

나는 마흔이 다 되어서야 내가 누구보다 인정 욕구가 강한 사람임을 알았다. 그리고 그것이 어머니로부터 전해진 것이었음을 알았다. 돌아보니 나는 어머니의 한을 풀어 줘야 할 막중한 임무를 띠고 살아왔다. 내가 1등 인생을 위해 발버둥친 것도 내가 원한 게 아니라 어머니의 욕구와 분노가 반영된 것이었다. 그리고 이것은 고스란히 큰아이에게 대물림되었다.

내가 어머니로부터 부여받은 요구를 충족하느라 바쁠 때, 아이는 PC방을 드나들고 어린 나이에 담배를 피우면서 엄마의 따뜻한 품에 대한 욕구 좌절을 채우고 있었던 것이다.

욕구 좌절은 누구나 겪을 수밖에 없지만 우리는 욕구 좌절을 경험할 때 다르게 대처할 수 있다.

당신은 딸로서 혹은 아들로서 분노하고 좌절했던 경험을 해결하기 위해 어떤 노력을 했는가? 어떤 사람은 공부를 열심히 했을 것이고, 어떤 사람은 착한 사람이 됐을 것이며, 어떤 사람은 부모의 말을 잘 들었을 것이다. 하지만 아무리 노력해도 여전히 좌절의 그늘 아래에 있고 공허하기는 마찬가지일 것이다.

왜 그럴까? 좌절의 근본적인 해결책은 하나님으로부터만 올 수 있기 때문이다. 우리 능력으로는 그 깊은 웅덩이 같은 좌절과 공허를 해결할 수가 없다.

나는 지금도 팔순을 바라보는 어머니에게 기회만 있으면 "엄마는 고아가 아니야. 엄마는 하나님의 친자녀야. 그러니까 하나님이 하늘에 쌓아 둔 모든 것이 다 엄마 거야"라고 말씀드린다. 하지만 어머니는 아직도 하나님의 친자녀가 무엇인지 잘 모르시는 것 같다. 모든 걸 잃고 산 세월이 너무 길어서 세상 모든 것이 다 내 것이라는 말을 믿을 수 없는 모양이다.

사도 바울은 할례받은 자나 무할례자나 종이나 자유인이나 남자나 여자나 모두가 하나님의 친자녀로 부름 받았다고 말했다. 그런데 하나님을 아버지라 부르는 많은 사람들이 여전히 하나님의 친자녀로 살지 못한다.

성경은 모든 인간이 죄인이라고 한다. 나도 죄인이지만 부모도 죄인이다. 훌륭한 부모의 보살핌을 받고 그들과 좋은 관계를 유지하며 살아온 사람들 중에는 부모도 죄인이라고 하면 펄쩍 뛰는 사람이 있다. 그러나 누구든지 하나님 앞에 서면 죄인이다. 또 반대로 너무나 개차반인 부모를 만나서 보살핌도 제대로 받지 못하고 자란 사람들에게 당신의 부모를 하나님이 사랑하셔서 구원했다고 하면, "당신이 내 부모를 알아? 어떻게 그런 사람이 구원을 받아?" 하면서 펄쩍 뛴다.

세상에는 정말 가지각색의 부모가 있다. 그렇게 모양도 색깔도 다른 부모의 유형을 다 알진 못하지만, 그럼에도 아무리 용서할 수 없는 부모라도 예수님을 믿으면 하나님의 귀한 자녀임을 믿는다. 정도의 차이가 있을지 모르지만 우리 모두는 죄인이다. 똑같이 죄인의 자리에 있는 사람들이다. 그리고 죄인이기 때문에 구원의 은총이 필요하고 예수 그리스도의 구원의 은총으로 다시 살아나야 한다.

성령의 열매인 화평은 어떻게 맺어지는가

죄는 무엇인가? 바람을 피우고 게임에 중독되는 것, 당연히 죄의 현상이다. 그렇다면 죄의 본질은 무엇일까? 존 스토트는 그의 책 《제자도》에서 죄란 '인생을 나 자신의 힘으로 더 잘살아 보려고 시도하는 모든 것'이라고 했다.[3]

아담과 하와는 선악을 알게 되면 하나님 없이도 잘살 수 있을 거라 생각해서 선악과를 따먹었지만, 눈이 밝아지고 나니 자신이 절대로 하나님이 될 수 없다는 사실을 직면하게 되었다. 그 사실을 깨달았을 때 그들은 불안했고 공포에 빠졌고 좌절했다. 무화과 나뭇잎으로 부끄러움을 가리려 했지만 하나님 앞에서는 아무것도 가릴 수 없음을 알게 되었을 뿐이다. 그러자 하나님은 짐승의 가죽옷으로 아담과 하와의 부끄러움을 가려 주셨다.

그들에게 가죽옷이 입혀지기 위해서는 짐승이 희생되어야만 한다. 바로 그 짐승이 우리를 위해 단번에 제물로 바쳐지신 예수 그리스도시다.

우리의 허물과 수치를 해결하기 위해 예수님은 십자가에서 제물로 바쳐지셨다. 우리의 허물과 수치, 불안과 공포는 스스로 해결할 수 있는 것이 아니다. 하나님만이 해결하실 수 있다. 그러므로 스스로 이 모든 것을 해결하려는 시도 자체가 죄다. 우리가 죄인일 수밖에 없는 것도 이 때문이다.

지난날에 경험한 좌절과 상처, 결핍의 문제들을 하나님께 내어놓고 애통해하면서 위로를 받아 본 적이 있는가? 나는 가끔 하나님께 '왜 저를 전쟁고아의 딸로 태어나게 하셨느냐'고 묻곤 했다. 훌륭한 부모를 둔 사람들을 보며 부러워하기도 했다. 그런데 하나님은 내게 "네가 가진 그만큼이 내가 주는 선물이야"라고 말씀하셨다.

부모뿐 아니라, 우리가 사는 동안 겪는 많은 일들이 하나님이 주신 선물이 아닐까? 그것이 하나님이 주신 선물이라면, 그것을 기억할 수 있다면, 우리는 하나님 안에서 화평을 누릴 수 있을 것이다.

분노의 반대말은 무엇일까? 나는 분노의 반대말은 평화와 화평이라고 생각한다. 성경에서 화평이라는 단어는 성령의 열매와 연결이 된다.

갈라디아서 5장 22-23절에 나오는 성령의 열매는 사랑, 희락, 화평, 오래 참음, 자비 양선, 충성, 온유, 절제다. 이것을 영어로 풀이하면 이해가 더 쉽다. love(사랑), joy(희락). joy와 happy는 의미가 다르다. happy는 내 상태가 편안할 때 느껴지는 감정이라면, 성경에서 말하는 희락은 고통 중에 주어지는 기쁨이다. 하나님과 함께 어떤 일을 할 때 느끼는 희열과 같다. 이밖에 peace(화평), patience(오래 참음), kindness(자비), goodness(양선), faithfulness(충성), gentleness(온유), self-control(절제)이 있다.

총신대학교에서 신약학을 가르치는 이한수 교수는 성령의 열매에 대해서 이렇게 설명한다.[4] 먼저 그는 성령의 열매를 나열하기 전에 바울이 "육체의 소욕은 성령을 거스르고"라고 한 사실에 주목한다. 사도 바울은 육체의 소욕과 육체의 일은 복수로 표현한 반면, 아홉 가지나 되는 성령의 열매는 오히려 단수로 표현하고 있다는 것이다. 그는 성령의 열매는 셀 수 있는 것이 아니라, 속성을 나타내기 때문이라고 설명한다. 성령의 열매는 우리가 노력한 만큼 양적으로 얻어지는 것이 아니라는 뜻이다. 성령의 열매는 하나님의 은총으로 주어지는 것이다. 성령의 열매는 하나님의 은총으로 말미암아 우리 안에 흘러 들어오는 것이다.

그러면 어떻게 하나님의 속성이 우리 안에 자리 잡게 될까? 바로 하나님과의 인격적인 관계를 통해서 자리 잡게 된다. 성령의 열매를 맺으려면, 그중에서 화평의 열매를 맺으려면 하나님과 인격적으로 만나고 관계를 맺어야 한다. 우리가 좌절과 결핍으로 고통받을 때, 하나님께서 나에게 어떤 말씀으로 위로하시는지 하나님의 세밀한 음성에 귀를 기울여야 한다. 하나님을 하늘에 계신 전지전능한 어떤 대상으로 여기는 것이 아니라, 내 곁에서 늘 도우시는 아버지와 같은 현존으로 만날 때, 성령의 열매를 맺게 된다.

과거 사람이 현재 사람으로 재현된다

하나님과 인격적인 관계를 맺는 것이 중요하다고 하면 나는 단기 역동치료의 삼각형을 떠올리게 된다.[5] 대상관계 이론에는 사람 삼각형이 있다.

삼각형의 세 꼭짓점에는 나의 현재 사람과 과거 사람, 그리고 상담자가 있다. 그런데 그리스도인인 우리는 상담자로서 하나님을 모셔야 한다. 그래야 사람 삼각형이 온전해진다.

우리의 부모님은 과거 사람의 대표다. 우리의 자녀들은 현재 사람의 대표다. 상담자는 혹 자녀와 어려움이 있어 도움을 받으러 찾아간 어떤 사람 또는 하나님이다. 사람 삼각형에서 중요한 개념은 내 자녀를 포함한 현재 사람과의 관계는 내 과거 사람인 내 부모와의 관계를 재현한다는 것이다.

사람 삼각형

상담자 또는 하나님   현재 사람 (자녀)

과거 사람(나의 부모)

나는 아버지와 친밀한 관계를 유지했다. 그래서 과거 사람인 아버지와 같은 남자 권위자를 떠올리면 기분이 좋다. 하용조 목사님이 3대 총장으로 학교에 오셨을 때였다. 하 목사님은 바쁜 목회 생활 가운데서도 부임 첫해에 학교 일에 전념하셨다. 스무 명이 넘는 교수들의 연구 업적과 이력서를 일일이 확인한 뒤 한 명씩 돌아가며 면담을 하셨다. 하 목사님은 당시 신학을 하지 않은 내게 신학교에 갈 것을 강력하게 요구하셨다. 만약 내가 아버지와 친밀한 관계를 맺지 못했다면, 남자 권위자에 대한 두려움 때문에 그때 학교를 그만두었을지도 모른다. 하지만 나는 그 제안을 받아들여 신학교에

갔다. 과거 사람 아버지와의 관계에서 '저 분은 왠지 나를 좋아할 것 같다'는 경험을 했기 때문에 하 목사님이 나를 싫어한다며 마음이 상할 수도 있는 상황에서 나는 목사님의 요구를 사랑의 제안으로 받아들일 수 있었던 것이다.

이와 반대로 과거 사람인 나의 어머니와는 관계가 친밀하지 못한 탓에 여자 권위자들과는 관계에 어려움을 느낀다. '저 분이 나한테 실망했으면 어쩌지? 뭘 더 잘해야 할까?' 하면서 노심초사하게 된다. 과거 사람인 어머니와의 관계는 현재 사람인 주변의 권위자나 동료들에게 재현되어서, 어머니의 기대와 요구를 눈치 보며 맞추었듯이 일도 기대에 부응하려고 열심히 했다. 그 결과 나는 자녀들을 외롭게 했다.

나에게 있어 삼각형은 평면이 아니라 입체 삼각뿔이다. 이 삼각뿔의 정점에 하나님이 계신다. 삼각뿔의 정점에 계신 하나님은 나뿐 아니라, 나의 과거 사람들과도 연결되어 있고 현재 사람들과도 연결되어 있다.

내가 과거 사람으로부터 결핍되어 있는 곳에 하나님께서 오셔서 나의 좌절과 결핍을 채우셔야 현재 사람인 내 자녀에게 그 결핍이 반복되지 않는다.

하나님은 우리의 모든 것을 아시는 아버지시다. 시편 139편은 "여호와여 주께서 나를 살펴보셨으므로 나를 아시나이다"라고 말하고 있다. 하나님은 나의 이름을 아시고 나의 모든 길과 행위를 아신다. 누군가는 이 말씀을 읽고는 '나를 잘 아시는 분이 왜 이런 곳에 보내셨나'라는 의문이 든다고 했다. 하지만 하나님은 우리의 고통과 상황을 모른 척하시는 것이 아니다. 다 알고 계시며 언제나 우리와 함께하신다. 자기 아들의 목숨을 주기까지 우리를 향한 사랑을 표현하신 분이 어떻게 우리가 처한 상황을 모른 척하시겠는가.

며칠 전, 큰아들이 선교여행 준비를 하면서 내게 묻고 싶은 것이 많았는지 밤 11시가 넘도록 질문을 쏟아 냈다. 나는 졸리고 피곤해서 자고 싶었지만, 아들을 사랑하기 때문에 그 시간을 견딜 수 있었다. 누군가 내 아들을 죽기까지 내어 달라고 하면 절대 그럴 수 없을 것 같다. 그런데 하나님은 사랑하는 자기 아들을 우리를 위해 고통 가운데 내어 주셨다. 이 복음이 내 삶에서 실제적으로 작동하지 않는다면, 교회를 오래 다녔다고 해도 마음에 평안이 없을 것이다. 이 이야기가 내 이야기로 받아들여질 때, 어떤 상황에서도 이겨 낼 힘을 얻고 욕구가 좌절되는 상황에서도 평안을 누릴 수 있다.

앞에서 말한 수업 시간에 손을 드는 아이를 기억하는가? 사랑의 욕구, 인정의 욕구, 성공의 욕구를 얘기했는데 이 모든 욕구도 살아남아야 느낄 수 있다. 하나님은 생존의 욕구를 이미 그분의 죽음으로 만족시켜 주신 분이다. 우리는 하나님으로 인해 살아남았다.

가족상담 이론 중 맥락 가족치료 이론이 있다. 이 이론은 부모와 경험한 잘못된 관계 윤리가 자녀에게 문제 행동을 야기한다고 본다. 오늘날 부모와 자녀의 관계에서 윤리가 점점 퇴색되어 간다. 그로 인해 부모와 자녀의 관계가 어그러질 때가 많다.

그러면 우리 각자에게 하나님은 어떤 아버지신가? 죄인 된 우리의 생명을 살려 내기 위해 어이없게도 자신의 아들을 내어 주신 분이다. 그분이 하신 일 앞에서 우리는 그 어떤 관계 윤리를 내세울 수 있을까? 비록 부모에게서 많은 것을 받지 못해 좌절했더라도 하나님이 주시는 사랑으로 그 빈자리를 채우면 자녀와의 관계에서 화평을 이룰 수 있다.

분노와 팔복

어떻게 하면 내가 화평을 이룰 것인지에 대한 고민을 하다가, 예수님이 말씀하신 '팔복'에 주목하게 되었다.[6] '팔복'의 내용은 이렇다.

> 심령이 가난한 자는 복이 있나니 천국이 그들의 것임이요
> 애통하는 자는 복이 있나니 그들이 위로를 받을 것임이요
> 온유한 자는 복이 있나니 그들이 땅을 기업으로 받을 것임이요

의에 주리고 목마른 자는 복이 있나니 그들이 배부를 것임이요
긍휼히 여기는 자는 복이 있나니
그들이 긍휼히 여김을 받을 것임이요
마음이 청결한 자는 복이 있나니 그들이 하나님을 볼 것임이요
화평하게 하는 자는 복이 있나니
그들이 하나님의 아들이라 일컬음을 받을 것임이요
의를 위하여 박해를 받은 자는 복이 있나니
천국이 그들의 것임이라(마 5:3-10)

팔복은 심령이 가난한 자에서 시작한다. 심령이 가난하다는 것은 가진 것이 없는 거지와 같다는 뜻이다. 마음이 가난하다는 것은, "하나님 나는 아무것도 없는 거지입니다"라고 고백하는 것이다. 우리는 늘 우리의 부족함을 우리 힘으로 채워 보려고 한다. 하지만 그럴수록 우리는 죄인이 될 뿐이다. 우리는 하나님 없이는 아무것도 아닌, 거지와 같은 존재라는 것을 고백해야 한다. 심령이 가난하다고 고백할 때에 주어지는 것이 천국이다. 우리가 죄인임을 고백할 때 우리는 천국의 상속자가 될 수 있다.

거지가 되었으니 얼마나 힘들겠는가? 이렇게 심령이 가난해져야 애통할 수 있고 긍휼의 마음을 가질 수 있다.

분노를 해결하는 방법 중에 눈물로 슬픔을 표현하는 것이 있다.

욕구 좌절을 경험하며 분노를 느낄 때, 우리는 좌절된 욕구 이면에 자리 잡은 수많은 상실과 결핍을 대면한다. 그때마다 우리는 비참한 거지 같지만 그 자리에서 하나님을 향해 눈을 들 때 비로소 천국의 주인 되신 아버지를 만날 수 있다. 즉, 모든 것을 가진 왕의 자녀가 되는 것이다. 또한 가난한 마음으로 통곡하며 울 수 있을 때, 이때 흘린 눈물을 통해 마음이 청결해진다. 하나님 앞에서 눈물로 모든 고통과 죄를 씻어 낸 후에야 청결한 마음으로 하나님을 볼 수 있게 되는 것이다.

의에 주리고 목마른 자가 된다는 것은, 내가 겪어 봐야 가난한 이웃을 긍휼히 여길 수 있다는 의미다. 내가 늘 풍족하고 여유롭다면 가난한 사람의 마음을 헤아릴 수 없다.

온유하다는 것은 겸손하고 화를 안 내는 것을 의미하는 것이 아니다. 온유는 내가 하나님이 바라는 대로 바라고, 하나님이 원하는 대로 원하는 것을 의미한다. 나의 요구와 하나님의 요구가 하나가 될 때, 우리는 온유할 수 있다.

그리고 화평을 누리게 된다. 화평을 누리게 된 우리는 하나님의 아들과 딸이 될 수 있다. 나에게 분노를 유발한 좌절을 가져다준 부모와 그 좌절을 뛰어넘을 수 있는 사랑을 베푸신 하나님 아버지가 팔복에서 이렇게 연결된다는 것이 놀라울 따름이다. 즉, 우리가 부모와 살면서 경험한 좌절을 극복하고 화평을 누릴 수 있는 이유는 하나님께서 우리 아버지이시기 때문이다.

  자녀들의 좌절과 분노가 해결되려면 시간이 걸린다. 하지만 그 시간을 하나님이 함께하신다. 그러므로 염려하여 내 힘으로 서둘러 고치려 들고 가르치려 하지 말자. 내 힘으로 어떻게 해보려는 것 자체가 죄다.

  우리는 그저 우리 아이들이 하나님을 만나고 인격적인 관계를 맺기까지 기다려야 한다. 그리고 부모가 먼저 하나님 아버지를 인격적으로 만나며 그분의 사랑으로 재양육되어야 한다.

  자녀가 좌절하고 절망하는 시간을 지나갈 때, 부모인 우리가 할 일은 하나님이 채워 주시고 만져 주실 것을 믿고 의지하는 것이다. 그럴 때 부모의 마음은 하나님 아버지의 사랑으로 채워진다. 그러면 부모는 비로소 심령이 가난해져 자녀가 자신 때문에 경험한 상처와 결핍에 대하여 진정 어린 사과를 할 수 있다.

  부모가 먼저 하나님 아버지와 인격적 관계를 맺고 그분의 자녀로서 삶을 누릴 수 있을 때, 비로소 자녀가 바라는 것을 채워 줄 수 있는 부모가 되어 간다.

01
어린 시절, 부모와의 관계에서 온 욕구 좌절을 해결해 보려고 어떤 노력을 했는가?

02
그 결과는 어땠는가?

03
하나님께 자신의 욕구 좌절에 대해 고백해 보았는가?

04
애통해하는 당신에게 하나님의 위로가 임했는가? 그분 앞에서 맘껏 울어보았는가?

05
하나님의 자녀로서 화평을 누리고 있는가?

구원으로 화평을 누리게 된 우리는 하나님의 아들과 딸이 될 수 있다.

chapter 3

무엇이 내 아이를 불안하게 만들까?

불안의 원인

대부분의 부모에게 자녀는 자신의 목숨보다 소중한 존재다.

미국에서 사막 여행을 하던 중 아들에게 자신들이 가진 물병을 건네고 죽은 프랑스인 부부 이야기가 화제가 된 적이 있다.

프랑스인 부부가 아홉 살 아들과 함께 560ml짜리 물 2병만 챙겨서 미국 뉴멕시코 주 사막 횡단 길에 올랐다. 횡단 거리는 총 4시간 반 거리였다. 1인당 최소 3.6리터의 물을 준비하라는 경고문이 있었지만 이 부부는 이것을 보지 못했다. 불볕더위 가운데 발견된 이들 가족 중 유일하게 살아남은 이는 아들뿐이었다.

경찰은 "부부가 마지막 순간까지 아들에게 남은 두 모금의 물을 주었다"고 밝혔다. 이처럼 자신은 목이 말라 죽어 가도 아끼고 아낀 물로 자녀를 살리고 싶은 것이 부모의 마음이다.

부모의 불안이 자녀의 불안을 낳는다

당신은 부모님과 성장기를 보낼 때 가장 두려워했던 것이 무엇인가? 또 성장기와 사춘기를 보낼 때 간절히 원해서 절대 빼앗기고 싶지 않은 것이 있었는가?

예를 들어, 어두운 밤이 무서웠다거나, 자존심만큼은 지키고 싶었다거나, 부모가 있는 가정이 부러웠다거나 하는 것 말이다. 그런데 우리는 이미 잊어버렸다고 생각하는 이런 바람들이 무의식중에 자녀에게 고스란히 전달된다.

혹시 자녀에게서 불안한 정서가 감지되는가? 자녀는 무엇 때문에 불안해하는가? 자녀가 불안해할 때 염두해 두어야 할 몇 가지를 살펴보자.

부모의 불안과 두려움이 자녀에게 고스란히 전달될 때에도 거기에는 사랑이 깃들어 있다. 예를 들어, 부모가 학교를 다니면서 공부 못한다고 무시를 당했다고 가정해 보자. 이런 부모는 자녀에게 자주 이런 말을 하게 된다.

"그러니까 공부를 잘하란 말이야. 너는 나같이 무시당하지 말고."

여기에는 자녀들을 어떻게든 잘 돌봐 주고 싶은, 자신의 힘든 인생을 물려주고 싶지 않은 진심이 들어 있다. 하지만 이러한 부모의 말을 반복적으로 들은 자녀는 부모를 만족시키고 싶은 마음에 과도

한 시험 불안 증세를 보일 수 있다.

그러므로 첫째, 자녀가 불안을 보인다면, 부모는 자녀에 대한 자신의 어떠한 염원이 자녀의 불안으로 드러나는가 살펴보는 것이 좋다.

둘째, 자녀가 불안을 보인다면, 거기에는 부모의 불안이 겹치는 지점이 있다는 것을 이해해야 한다. 수년 전 어느 여대생을 상담했는데, 그 학생은 자신에게 통행금지 시간이 있다고 했다. 여학생이니까 단속하는 측면에서 귀가 시간이 있나 보다 했더니 날이 어두워지는 때가 통행금지 시간이라고 했다. 알아보니, 그 여학생의 어머니가 사춘기가 시작될 무렵 성폭행을 당한 경험이 있었다. 어머니에게 사춘기 무렵에 당한 성폭행은 영원히 없애고 싶은 끔찍하고 불안한 사건이었다. 그래서 어머니는 그렇게 끔찍한 일을 딸에게 대물림하고 싶지 않아서 그렇게 상식에 맞지 않는 통행금지 시간을 정한 것이다. 그 여학생으로선 어머니의 이런 요구는 도저히 이해할 수 없는 것이다.

당신도 내 자녀가 이런 일만큼은 절대 겪어선 안 된다고 생각하는 것이 있는가? 이런 사건에서만큼은 자녀를 지켜 주고 싶다는 것이 있는가? 바로 그것이 자녀에게 불안을 주는 원인이 될 수 있다.

셋째, 부모의 불안이 전달되는 경로는 다양하다는 것을 이해해야 한다.

나는 마흔이 다 되도록 우리 어머니의 목소리에 갇혀 살았다. 어머니는 당신이 배움이 짧다는 것에 대해 한탄했고 그것이 들킬 것을 불안해했다. 그래서 어머니는 내게 공부를 잘해서 떳떳하게 살라고 요구하셨다. 그런데 그 정도가 너무 심해 나는 늘 1등을 해야 한다는 강박을 안고 살아야 했다. 학창 시절 성적표에 1이 아니라 2가 써 있으면 그게 그렇게 기분 나쁘고 속상할 수 없었다. 1등을 하지 못할 것에 대한 두려움과 강박은 어른이 되어서도 마찬가지였다. 무슨 일을 하든 최고가 되려니 늘 바빴고 분주했다. 그래서 엄마가 되었을 때도 이 '1등 불안' 때문에 엄마의 자리를 지키지 못했다. 그 결과 내가 우리 아이들에게 물려준 불안은 '엄마가 없는 불안'이었다.

주변의 친구들한테는 늘 곁에 있는 엄마가 우리 아이들한테는 없었다. 언제나 곁에 없는 엄마로 인해 아이들은 엄마가 자신들을 사랑하지 않는다고 느꼈을 것이고, 무시하거나 무가치하게 여긴다고 느꼈을 것이다. 그로 인해 외로웠을 것이고 때로는 무서웠을 것이다.

둘째 아들이 재작년에 음악학교 진학을 위해 쓴 자기소개서에는 이런 글귀가 있었다.

"나에게 음악이란 외로울 때 만났던 친구이자 나의 장난감이자 나의 엄마다."

이 글을 읽고 갑자기 코끝이 시리면서 가슴이 저몄다. 둘째가 초등학교 3학년 때 그린 나무 그림에는 옹이가 있었다. 나무줄기에 옹이를 그리고, 그 옹이 끝을 따라 가지를 그리고 그 끝에 새 한 마리가 밖으로 나온 새집을 그린 그림이었다. 전통적 그림검사의 해석에 따르면 나무 그림의 옹이는 트라우마, 외상을 상징한다. 잊고 싶은 고통스런 시간과 경험을 의미한다. 나는 둘째에게 물었다.

"이 새는 여기서 뭐 하니?"

"이 새가 하루 종일 엄마를 기다려요."

이때가 큰아들이 PC방을 다니며 사고치던 무렵이었다. 나는 아이들을 보면서 이제 정말 내 욕심을 버려야 하는구나라고 느꼈다.

이와 같이 자녀가 불안한 행동을 보일 때 부모는 첫째, 자신이 자녀를 사랑했던 방식을 돌아보고, 둘째, 부모 자신의 불안을 만나야 하며, 셋째, 자신의 불안이 자녀에게 어떤 방식으로 전달되고 있는지에 대해 살펴보아야 한다.

하나님만이 불안을 해결할 수 있다

자녀에게 나의 불안을 대물림하지 않으려면 어떻게 해야 할까?

먼저 내가 불안해하던 자리가 어디인지를 알아야 하고, 그런 다음 그 자리를 하나님으로 충분히 채우는 것이다.

요즘 나와 아들들의 관계는 많이 좋아졌다. 내가 더 이상 우리 어머니의 가치에 매이지 않게 되었기 때문이다. 어머니의 가치가 아니라 하나님의 가치에 매이니까 1등을 안 해도 되었다. 내가 죄인되었을 때 이미 구원을 약속하신 어마어마한 은혜의 하나님을 경험하고 나니 1등이 아니어도 괜찮아졌다. 하나님은 내가 1등 하면 예뻐하고 1등 못 하면 예뻐하지 않는 그런 분이 아니었다. 내가 내 힘으로 최고가 되려고 발버둥칠 때 하나님은 묵묵히 지켜보시며 그런 나를 구원하기 위해 예수님을 십자가에 내어 주셨다.

그런데 많은 사람들이 불안해하는 보편적인 이유는 무엇일까? 일반적으로 사람들이 불안해하는 상황이 있다. 가령, 평가받는 자리에 있을 때 불안하다. 부끄러움을 당할 것 같은 상황일 때도 불안하다. 또한 누군가를 잃을 것 같을 때도 불안하다. 그밖에 신체의 위협을 느낄 때, 죽을 것 같을 때 불안하다.

심리학자들은 불안하면 어떤 증상이 나타나는지, 그럴 때 어떻게 다뤄야 할지를 자세하게 설명해 준다. 하지만 어떤 심리학자나 상담학자도 인간이 왜 불안해지는지를 명쾌하게 설명하지는 못한다. 프로이트도 불안의 근원을 만족스럽게 설명하지 못했다.

실존주의자들은 인간은 실존적으로 외로움, 죽음, 자유, 고독, 무의미로 인해 불안한 존재라고 말한다. 그런데 그 실존의 불안이 어떻게 유래했는가에 관해서는 만족할 만한 설명을 하지 못한다. 하나님을 모르면 인간 불안의 근원이 하나님과 분리되었기 때문이라는 사실을 알 수 없다.

불안이 있는 자리에 도사리고 있는 것

나는 26년째 상담을 하고 있다. 우리 아이들이 외롭다고, 불안하다고 문제 행동을 드러내던 2년을 쉬었을 뿐 지금까지 상담을 쉬지 않았다.

상담을 하면서 만난 고1 여학생은 남자친구와 성관계를 가졌고 임신을 해서 낙태했다는 고백을 했다. 나는 아이와 얘기를 나누면서 어린 나이에 남자친구와 성관계를 갖는 배후에는 '죽을 것 같은 공포'가 있다는 것을 발견했다.

사실 남자와 여자가 몸을 섞을 때만큼 가장 친밀한 밀착을 느끼는 때가 없다. 누군가와 가깝다고 느끼는 절정의 순간이 성교할 때인 것이다. 성관계를 가질 때 남녀는 두 사람 간의 거리를 최대한 좁혀 놓는다.

나는 대학에서 약학을 공부했다. 해부학 시간에 교수님이 한 말 중 가장 기억에 남는 말이 "성교는 피스톤 운동이다"라는 것이었다. 즉, 사람과 사람의 거리가 마이너스가 되는 때인 것이다.

우리는 외로움을 느낄 때 누군가가 와서 접촉만 해 줘도 친밀감을 느낀다. 그런데 누군가 내 몸 안에 들어와서 격렬한 마찰을 일으 킨다면 이보다 더 가깝게 느껴질 수 없다. 그때만큼 인간이 '함께 있다'는 느낌을 강하게 받는 때가 없다. 하지만 안타깝게도 성추행이나 성폭력을 경험한 여성들은 성관계에서 받는 느낌이 친밀감이나 행복감보다는 '자신을 잡아먹을 듯한, 압도되는, 불결한, 두려운' 느낌일 수 있다.

다시 사례로 돌아가면, 이 여학생은 굉장히 똑똑했고 성실했다. 그러던 어느 날, 한 주도 빠지지 않고 상담을 오던 아이가 2주나 연락도 없이 오지 않았다. 전화해서 "오고 있니?" 했더니 "선생님, 오늘 선생님한테 가서 이 이야기를 하면 죽을 것만 같아요. 그래서 못 가겠어요" 했다. 나는 그저 "기다릴게" 했다. 역시 그날 오지 않았고 다음 주가 되어서도 오지 않기에 다시 전화했다.

"아직 준비가 안 됐어요. 정말 죽을 것 같아요. 못 가겠어요"라는 답변을 남기고 오지 않았다. 그러다 3주째 되는 날 드디어 상담실을 찾아왔다.

"엄마가 야간에 일을 하셨어요. 8~9시쯤에 나가서 새벽에 들어오셨죠. 아버지는 중동 쪽에 근로자로 나가 계세요."

이 가정의 중요한 가치가 뭔지 짐작이 되는가? 이 가정의 최고 가치는 돈이다. 아이가 다섯 살이 되었을 무렵부터 아버지는 돈을 벌러 중동으로 갔고 어머니는 야간에 일을 나갔다. 아이는 다섯 살 때부터 캄캄한 밤을 혼자서 지냈던 것이다.

아이는 잠을 자다가 밤 11시나 12시쯤 깨어났을 때 죽을 것 같은 공포를 느꼈다고 했다. 캄캄한 밤에 아무도 없이 혼자 있다는 사실이 목을 조르는 것처럼 공포스러웠다는 것이다. 아이는 나와 상담을 하면서 이때의 기억이 떠올랐고, 그 생각만 하면 지금도 죽을 것만 같다고 했다.

이 자리가 트라우마, 즉 외상이 극에 달하는 지점이다. "깜깜한 게 대수야? 불을 켜면 되잖아" 하겠지만 그건 어른들의 생각이다. 다섯 살 꼬마가 밤 12시에 눈을 떴는데 아무도 없다고 생각해 보라. 그것도 매일 반복된다고 상상해 보라. 인지 능력이 발달하지 않은 어린 꼬마로서는 날이 밝으면 엄마가 온다는 생각을 하기 어렵다. '엄마가 오지 않는다면 나는 어떻게 되지? 밥은 누가 해주지? 나는 누가 돌봐주지?'라는 생각이 꼬리에 꼬리를 물면서 공포가 점점 더 커질 수밖에 없다.

이 아이가 남자친구와 성관계를 하면서 원한 건 무엇이었을까? 그것은 아마도 '누군가와 함께 있다'는 느낌일 것이다. 가장 친밀감을 주는 성관계를 통해 아이는 어린 시절의 공포를 극복하려 했던 것으로 보인다.

이처럼 불안이 있는 그 자리에는 '이것만은 꼭 지키고 싶다. 이것만은 꼭 갖고 싶다'라는 간절한 욕구가 자리 잡고 있다.

불안하지 않기 위해 통제하고 회피한다

이렇게 불안한 순간, 일반적으로 사람들이 불안하지 않으려고 사용하는 대표적인 책략은 '통제'와 '회피'다. 기본적으로 사람들은 불안하지 않으려고 억압하거나 도망다닌다.

지난주 우리 학교에 광운대 권경인 교수님이 오셔서 '맥주잔' 이야기를 들려주셨다. 결론부터 말하면, 사람들은 자신의 진짜 불안이 들어 있는 맥주 자체를 말하지 못하고, 불안을 숨기기 위해 맥주 잔 위에 떠 있는 거품 이야기만 한다는 것이다. 다시 말해 대부분의 사람들은 맥주잔을 채운 맥주 이야기를 하고 싶은데 맥주잔 위를 메운 거품 이야기만 하고 만다는 얘기다. 왜 그럴까? 거품을 걷어 내고 본심인 맥주 이야기를 하면 두려운 일이 벌어질지도 모른다는 불안 때문이다.

부부관계가 몹시 좋지 않은 아내는 '이 남자가 왜 주말마다 골프를 치러 다닐까? 이 남자가 나를 덜 좋아하게 됐나? 이 남자가 날 사랑하지 않나?'라는 마음이 있다. 그리고 남편이 정말 자신을 사랑하지 않는다는 사실을 알게 되는 것이 두렵다. 너무 끔찍하기 때문이다. 그러므로 아내가 남편에게 하고 싶은 진심은 이것이다.

"당신 이제 나에게 관심이 없어졌어요? 내가 옛날처럼 사랑스럽지 않아요?"

그러나 이것도 진심은 아니다. 더 깊은 진심은 이것이다.

"나를 좀 더 사랑해 줘요. 옛날처럼 사랑해 줘요. 처음 만났을 때처럼 사랑받고 싶어요."

그런데 실제로 아내가 남편에게 하는 말은 이렇다.

"세월이 좋구나. 세월이 좋아. 골프 치러 다니면 뭐가 나오니?"

그러면 남편은 뭐라고 대답할까?

"시끄러! 나도 피곤한데 사업 때문에 어쩔 수 없이 가는 거라고."

두 사람은 진심은 숨겨 둔 채 거품만 가지고 대화를 나누고 있다. 두 사람은 이런 거품 이야기만 나누면서 외식을 하러 나가고 부부 동반으로 모임에 나간다. 아내로서는 진심이 아니라 거품만 나누는 것이 오히려 안심이 된다. 진심을 대면하면 '이제 이혼을 해야 하나', '사랑받지 못한 채 계속 살아야 하나' 하는 머리 아픈 질문을 계속 던져야 하니까.

이 아내처럼 진심을 외면하고 싶어 하는 것을 '소극적 형태의 불안 다루기'라고 명명하고 싶다.

그런데 사람들이 불안을 적극적으로 다루기 시작하면 불안에 대한 통제를 하기 시작한다. 불안이 심한 사람들은 그냥 도망만 다니는 것이 아니라 불안이라는 대상을 자기 힘으로 통제하려 든다.

얼마 전 자존심이 매우 강한 사람의 얘기를 들었다. 그는 학창 시절에 선생님이 돌아가면서 책을 읽으라고 하면 더듬거리며 읽을까 두려워 국어책을 통째로 외웠다. 별안간 어디를 읽더라도 틀리지 않고 유창하게 읽기 위해서였다. 통제의 극단적인 예라 할 수 있다.

그런데 불안을 적절히 통제하지 못하고, 지나치게 통제하거나 통제에 실패하게 되면 불안이 더 심해진다. 통제하려 하면 할수록 불안이 더 극대화되는 것이다.

하나님은 우리 인생의 절대 주권자시다

어느 대학생이 공동체에서 큐티 나눔을 하다가 굉장히 좋은 것을 알게 되었다고 말했다. 내용은 이랬다.

이 청년이 놀이동산에 있는 범퍼카를 타기가 불안하다고 하자, 다른 청년이 이렇게 말했다.

"너 범퍼카 탈 때 네가 운전하는 대로만 가니? 그리고 범퍼카에는 범퍼가 있잖아."

이 말을 듣는 순간, 청년은 크게 깨달은 바가 있었다.

"제가 그동안 불안을 혼자 다스려 보려고 무척이나 노력했습니다. 하나님께서 제가 타고 있는 인생 범퍼카의 범퍼가 되어 다치지 않게 하실 텐데 괜한 걱정을 한 거지요."

나는 그의 말을 듣고 있다가 다음과 같이 말했다.

"그런데 진짜 중요한 한 가지가 빠졌네요. 뭐가 빠졌을까요?"

당신은 무엇이 빠졌다고 생각하는가?

놀이동산 직원이 전원을 꺼 버리면 범퍼카 놀이는 끝나 버린다. 내가 아무리 범퍼카를 계속 타고 싶어도 범퍼카를 작동하는 사람이 범퍼카 전체의 스위치를 꺼 버리면 더 이상 다칠 일도 없고 즐길 일도 없게 되는 것이다.

이것을 교리적으로 말하면 '하나님의 절대주권'이라 할 수 있다. 하나님만이 우리 인생의 범퍼카 스위치를 올릴 수도 있고 내릴 수도 있다.

물론 하나님이 범퍼카의 범퍼가 되어서 우리가 범퍼카를 어떻게 운전해도 안전하게 지켜 주실 것이다. 때로 그것이 복이 된다면 우리를 다치게도 하실 것이다.

우리 인생은 하나님의 손안에 있다. 하지만 우리는 이 사실을 머리로만 이해하고, 실제로는 내 안의 불안을 내 힘으로 달래 보려고 얼마나 애쓰며 사는지 모른다.

불안의 서로 다른 얼굴들

심리학자와 정신과 의사들은 불안을 어떻게 분류할까? 몇 년 전만 해도 정신장애편람 4판 개정판에는 불안장애라고 하는 하나의 카테고리만 존재했었다. 그런데 개정된 정신장애편람 5판에는 불안장애가 크게 다음 세 가지로 분류되어 있다.

- 불안장애
- 강박 및 관련 장애
- 외상 후 스트레스 장애

불안장애

불안장애 중 첫 번째는, 범불안장애다. 범불안장애의 '범'은 호랑이가 아니고, '광범위하다'고 할 때의 범(汎)자다. 그냥 불안한 것이다. 매사에 안절부절못하고 초조한데 그 이유를 알 수가 없다.

간혹 심장이 벌렁거리고 초조해지는 것을 심하게 느낀다. 그런데 이유는 알지 못한다. 이런 증상이 최소 6개월 이상 지속된다면 불안장애로 진단할 수 있다. 증상으로는 안절부절못함, 쉽게 피로해짐, 주의집중이 곤란함, 정신이 멍해짐, 화를 잘 냄, 근육이 긴장됨, 수면장애 등이 있다.

불안의 원인을 알면 불안이 다스려지는 경우가 꽤 있다. 예를 들어, '명치 끝이 계속 아픈데 왜 아픈지 모르겠어' 하는데 시간이 지나도 증상이 호전되지 않으면 불안해진다. 이때 병원에 가서 '위가

눌려 소화가 안 되는 것'이라는 진단을 받으면 훨씬 덜 불안하다. 이렇듯 불안은 원인을 알면 해결되는 경우가 많다.

그런데 범불안장애는 자신이 원인을 잘 모른다. 먼저 불안한 이유를 밝히는 것이 해결에 도움이 될 것이다.

두 번째는, 공황장애다. 요즘 주변에 공황장애를 앓는 연예인들이 많다. 김구라씨, 이경규씨, 김장훈씨 등이 공항장애를 앓고 있다고 밝혔다. 이들은 매우 유쾌해 보인다. 그런데 흥미롭게도 공황장애의 주요 방어기제는 억압이다. 진짜 불안을 억압해서 자신은 불안하지 않다고 스스로 속이는 것이다. 자신의 고통을 눌러 놓고 방치하며 애서 웃으며 살려고 할 때 억압된 불안이 공항장애로 진행될 수 있다.

공황 발작은 생리적으로는 몸 안의 이상 경계 반응 때문이라고 알려져 있다. 공황장애를 앓고 있다고 고백한 김구라씨, 김장훈씨, 이경규씨는 엄청난 스케줄을 소화해야 하는 바쁜 연예인들이다. 잠도 제대로 못 자고 바쁜 스케줄을 소화한다.

그러다 어느 순간, '오늘 잠을 못 잤는데 내 건강이 괜찮을까?' 하는 생각이 들다가 '너 잠을 제대로 못 잤잖아. 너 심장이 제대로 안 뛸 수 있어. 너 이러다가 뇌혈관이 터질 수 있어' 하는 느낌이 든다. 이런 느낌은 아찔하면서 뇌에 혈류가 흐르는 것 같다, 심장이 더 빨리 뛰는 것 같다 같은 신체의 경계 반응을 일으켜 '숨을 못 쉬어서 죽으면 어떡해! 너 숨을 더 빨리 쉬어' 하면서 불안을 증폭시키게 된다. 그러면 사람들은 숨을 몰아쉬기 시작한다. 그런데 그럴수록 혈관 안에 산소 농도와 이산화탄소 농도의 균형이 깨지고 만다.

체내의 혈액 농도는 약알칼리에 맞춰져 있다. 그런데 산소가 많아지면 체액은 알칼리성이 되고 이산화탄소가 많아지면 산성이 된다. 잘못된 신체의 경계 반응을 받아들여 숨을 몰아쉬게 되면 단시간에 산소가 많아져 혈액 농도가 알칼리성이 되어 버린다.

그러면 근육에 영향을 미치는 철, 마그네슘 같은 무기질의 혈중 농도가 변화된다. 왜냐하면 무기질은 알칼리와 산성의 농도에 따라 혈중에 녹아 들어가는 양이 달라지기 때문이다.

이렇게 무기질, 전해질의 균형이 깨져 버리면, 그때부터 실제로 근육에 영향을 미쳐 신체적 증상으로 나타나게 된다.

따라서 공황장애를 겪고 있다면 반드시 호흡법, 이완법을 알아 두어야 한다. 공황장애는 비행기를 탔을 때, 차로 터널이나 다리를 지나갈 때 더 심해진다. 비행기 승무원들은 공황장애를 겪는 환자들에게 얼음을 넣은 플라스틱 컵을 주며 "자리로 돌아가서 천천히 빨아 드세요" 하는데 이것 역시 공항 발작을 이완시키려는 방법이다.

얼마 전 김장훈씨가 비행기에서 담배를 피우다가 적발된 사건이 있었다. 비행기를 탄다는 사실 때문에 너무 긴장되어서 그랬을 수도 있고, 담배를 피우면서 호흡을 가다듬고 싶어서 그랬을 수도 있다.

복식 호흡법, 이완법 등을 익혀 공황 발작에 대처해야 할 것이다.

나도 공황 발작을 경험한 적이 있다. 분당 샘물교회를 다닐 때인데, 배형규 목사님과 심성민 형제가 아프가니스탄 탈레반에 의해 살해되었다는 소식을 듣고 나서 희생자가 더 나올까 봐 몇 날 며칠을 긴장하며 지내다 발작이 일어났다. 지금은 거의 증상이 없지만, 아주 가끔씩 과로하면 공황 발작할 때의 느낌이 스멀스멀 올라온다. 그러면 나는 이렇게 기도한다.

"생명은 주께 있습니다."

이렇게 세 번 외치고 깊게 심호흡을 한다.

공황 발작을 경험해 보았기에 나는 이 느낌이 죽고 사는 문제까지 갈 수 있다는 것을 알고 있다. 특히 운전하다가 공황 발작이 일어났다고 상상해 보면 얼마나 끔찍한가.

모든 사람은 아픈 자리가 있다. 그런데 그 아픈 자리를 통해서 하나님은 우리를 성장시키신다. 나는 공황 발작을 통해 내 속에 무엇이 들어있든지 억압하지 않고 정직히 들여다 볼 수 있는 연습을 하고 있다. 또한 하나님은 내게 공황 발작이라는 아픔을 통해 하나님께 내 삶 전체를 맡길 수 있는 성장점을 주셨다.

세 번째는, 특정공포증이다. 뱀, 피, 주사기 등과 같은 특정 대상이나 높은 곳, 갇힌 곳, 넓은 곳 등과 같은 특정 상황에서 불안을 느끼는 것이다. 이중 광장공포증은 워낙 흔한 질병이어서 특정공포증에서 독립된 항목이 되었다.

특정공포증의 특정 상황이나 대상은 자신의 실제 불안과 대치, 또는 치환되는 경우가 많다. 예를 들면, 피와 연상이 되는 다른 상황이 무서운데 실제로는 피를 무서워하는 식이다. 어느 의학 드라마에서 외과 의사가 피를 무서워해서 수술을 못하는 것을 보았다. 의사가 더구나 외과 의사가 수술을 못하니 얼마나 곤란한 상황인가. 그런데 알고 보니 이 의사는 피와 관련된 외상이 있었다. 어렸을 때 어머니가 동맥을 끊고 피를 많이 흘리면서 자살하는 장면을 목격한 것이다.

이 의사가 두려워하는 것이 무엇일까? 피일까? 아니다. 어머니를 잃는 것이다. 어머니를 잃는 불안이 피를 보는 상황과 연결되는 것이다.

유명한 정신분석학자 프로이트는 수염 달린 말을 그렇게 무서워했다고 한다. 그런데 프로이트가 무서워했던 것은 말이 아니라 수염이 텁수룩했던 자신의 아버지였다. 프로이트는 지나친 아버지 공포증 환자였다. 혹시 자녀가 특정공포증이 있다면 특정한 상황에 대치, 또는 치환된 자녀의 진짜 불안을 찾아볼 것을 권한다.

네 번째는, 사회공포증이다. 대인공포증, 발표 불안이 이에 해당

한다. 사회공포증이 있는 사람에게 가장 불안한 상황은 사람들에게 평가받는 자리다. 즉 사회공포증은 사람들 앞에서 발표하는 자체가 무서운 것이 아니라 그들의 평가가 두려운 것이다.

10여 년 전, 어느 전도사님이 상담을 받고 싶다고 찾아왔는데 얘기를 하다 보니 그분은 사회공포증이 있었다. 찬양 인도를 해야 하는데 앞에 나가려면 땀이 나고 얼굴이 붉어지고 아무것도 할 수 없다는 것이다.

전도사님은 나실인이었다. 요즘에도 나실인이 있나 의아하겠지만, 전도사님의 아버지가 작은 교회의 수석 장로님이었는데, 전도사님이 태어나자 교회에 이렇게 선포했다고 한다.

"우리는 이 아이를 하나님께 바칩니다."

그래서 온 교인이 하나님께 바쳐진 아이라는 기대를 가지고 전도사님을 어려서부터 지켜보았다고 한다. 그러니 이분이 어려서부터 얼마나 큰 부담을 가지고 살았겠는가. 결국 전도사님은 교회에서 사역을 하지 못하고 교회를 떠나고 말았다.

사회공포증을 가진 사람들이 가장 무서워하는 것은 자신이 실패자라는 평가를 받는 것이다. 그러니까 사회공포증의 불안은 '나는 실패자야. 나는 별 볼일 없어. 뭘 잘 못해'라는 생각에서 오는 것이다. 혹시 주변에 발표 불안을 가진 청소년이 있다면, 이 아이가 어째서 자신이 실패자가 될지도 모른다고 생각하게 되었는지 함께 생각해보고, 자신감을 가질 수 있도록 칭찬할 만한 거리를 찾아 칭찬해 주도록 하자.

강박장애

강박장애는 특정 생각이나 특정 행동을 반복하는 것을 말한다. 예를 들어, 보도블록을 걸을 때는 꼭 네 칸마다 발을 짚어야 하고, 가스 불을 껐는지 계속 확인해야 하고, 손을 씻고 나왔는데 안심이 안 되어 또 씻어야 하는 것 등이다.

청소년 상담센터에 있을 때 남자 대학생이 머릿속으로 국민교육헌장을 계속 쓰게 된다면서 나를 찾아왔다. 그 순간 나는 가슴이 철렁했다. 왜냐하면 이제 막 상담을 시작한 때라 강박장애에 대해 아는 바가 별로 없었기 때문이다. 하지만 그 학생의 말을 정말 열심히 주의 깊게 들었다.

이 남학생은 경상도 중에서도 아주 보수적인 마을에서 태어나 아버지한테서 '남녀칠세부동석' 같은 도리를 철저하게 요구받고 자랐다. 국민교육헌장을 머릿속으로 쓰기 시작한 것은 초등학교 4학년 때부터라고 했다. 그런데 그즈음 같은 반에서 좋아하는 여자애가 생겼단다. 하지만 마음을 표현하지 못했다. '남녀칠세부동석'을 배운 그로서는 그런 행동이 용납되지 않았기 때문이다.

이 남학생이 국민교육헌장을 계속해서 머릿속으로 쓰게 된 이유는, 같은 반 여자애를 좋아하는 마음을 눌러 버리기 위해서였다. "나는 민족중흥의 역사적 사명을 띠고 이 땅에 태어났다…"라는 글을 머릿속으로 쓰는 순간만큼은 핑크 빛 감정을 통제할 수 있기 때문이다.

이렇듯 강박장애는 특정 생각이나 특정 행동을 반복하는 패턴을 가지는데, 주된 방어기제는 반동형성, 취소 등이다.

강박장애는 정신 역동 측면에서 '항문기병'으로 알려져 있다. 항문기병이란 프로이트의 발달단계 가운데 두 번째 시기인 만 2~3세 때 배변 훈련에 무리가 생기면서 발생하는 병이다. 흔히 엄마는 배변 훈련을 시킬 때 잘못하면 나무라기 쉬운데, 이때 아이는 '나는 뭐든 잘 못하나 봐' 하는 수치심과 함께, 자신을 지나치게 통제하는 엄마에 대한 분노를 느끼게 된다.

그런데 이 분노를 다 표현하면 내가 안전하지 않다고 느끼기 때문에, 또한 그런 행동을 하는 아이는 나쁘게 여겨지기 때문에 그것을 강박 행동이나 강박 생각으로 전환시킨다.

빌라도는 예수님에게 죄가 없음을 알면서도 사람들의 요구에 타협해서 예수님을 십자가형에 구형한다. 이때 그는 손을 씻었다. 아마도 자신에게 엄습하는 죄책감을 씻어 내기 위한 행동이었을 것이다.

성폭력당한 경험이 있는 여자들이 끊임없이 몸을 씻는 경향이 있다. 그 수치와 부끄러움을 어떻게든 없었던 일로 돌려놓고 싶으니까 강박적으로 몸을 씻는 것이다.

강박장애를 보이는 청소년에게는 먼저 자신의 숨겨진 분노나 수치심이 안전하게 드러날 수 있는 환경을 마련해 줄 필요가 있다. 그리고 자신이 의식하지 못했던 분노와 수치의 원인에 대해 자각시키고 표현하도록 도와야 한다. 혹시 주위의 어른들이 이에 기여했다면 서로 대화를 나누며 통제의 타협점을 찾아가는 것도 도움이 된다.

외상 후 스트레스 장애

지난해 세월호 사건을 접하면서 나는 매우 우울하고 불안했다. 같은 부모 입장에서 진도 앞바다에서 아이들의 시신이 차례로 올려질 때마다 억장이 무너지는 것 같았다. 내가 만일 세월호에 희생된 자녀를 둔 부모라면, 아이의 시신이라도 빨리 찾고 싶은 마음과 그 아이가 내 아이가 아니기를 바라는 마음, 이 두 가지 사이를 오가며 얼마나 고통스러웠을까 싶었다. 그 생각에 시신이 발견될 때마다 불려 나가는 부모를 보는 것이 너무 고통스러웠다.

그런데 남편은 내가 왜 그렇게 고통스러워하는지 나보다 더 잘 알고 있었다.

"너 또 119 구급차 타고 병원에 갈 것 같아."

남편의 말을 듣고서야 나는 내가 세월호 사건을 통해 아프가니스탄에서 교인들이 차례로 숨진 사건을 떠올린다는 것을 알았다. 아프가니스탄에서 차례로 죽어 간 교인들의 이름이 밝혀지던 그 참담한 상황이 세월호에서 죽은 사람이 한 명씩 들어올려지는 그 상황과 정확하게 일치하면서 나도 모르게 외상 증상을 경험하고 있었던 것이다.

이처럼 외상 후 스트레스 장애를 이해하려면 현재 느끼는 고통에는 과거에 경험한 심각한 고통과 겹쳐지는 단서가 있다는 사실을 아는 것이다. 그 단서를 찾아내면 현재의 고통을 이해하고 해결하기 쉬워진다.

급성 스트레스 장애는 갑작스런 스트레스 때문에 불안한 것으로, 증상은 외상 후 스트레스 장애와 비슷하다. 다른 점은 한 달 안에 이 증상이 사라진다는 점이다. 이는 거꾸로 말하면 한 달 이상 지속된다면 외상 후 스트레스 장애를 의심해야 하는 것이다.

외상 후 스트레스 장애의 주요 증상은 외상 사건에 대한 고통스러운 기억이 반복적이고 침투적으로 경험된다는 것이다. 또 고통스러운 꿈을 반복적으로 꾼다거나, 해리 반응, 외상 사건과 밀접히 관련된 고통스러운 기억, 생각, 감정에 대한 회피 또는 회피하려는 노력, 외상의 고통과 관련된 외적인 단서들(사람이나 장소, 활동, 상황 등)을 회피 또는 회피하려는 노력 등이 있다.

이밖에 반응성 애착장애와 탈억제 사회관여 장애가 있다. 정신장애편람 5판에 새롭게 추가된 장애다.

고아원이나 시설에 있는 아이들은 대개 두 가지 극단적인 반응을 보인다. 사람들을 보면 지나치게 위축되어 숨어서 나오지 않으려 하거나 그들에게 지나치게 친밀함을 표현하는 것이다. 이를 반응성 애착장애라고 한다. 초기의 애착 형성에 문제가 있어서 부적절한 대인관계 패턴을 나타내는 경우를 말한다.

탈억제 사회관여 장애란, 사회관여 즉, 다가가서 관계를 맺고 싶은 욕구가 잘 조절되지 않는 것을 말한다. 예를 들어, 길에서 어떤 낯선 아이를 만났는데 이 아이가 "아줌마", "선생님" 하면서 주저 없이 과도한 친밀감을 표현하는 경우다. 이것 역시 애착 형성 과정에서 문제가 발생한 경우이므로, 시간을 두고 아이들의 초기 양육 경험을 평가하고, 안전하고 친밀한 관계를 연습할 수 있는 기회를 주어야 한다.

마지막으로 적응장애가 있다. 가족의 죽음, 부모의 이혼, 갑작스런 재정의 악화나 실연 등 충격적인 사건이 일어났을 때 자신의 일상적 삶에 적응하기 어려워지는 경우다.

사실 자녀들을 여러 가지 불안의 문제들로부터 보호하려면, 위에 제시한 부정적 평가에 대한 불안, 생존에 대한 불안, 수치에 대한 불안, 관계의 안전에 대한 불안 등과 맞닥뜨렸을 때 우리 자녀들이 거뜬히 이겨 낼 수 있도록 힘을 길러 주는 것이 가장 좋다.

그러나 불안 문제가 드러났다고 해도 절대 늦지 않았다. 아직 우리에게는 자녀들과 보낼 수 있는 충분한 시간이 있고, 부모인 우리의 불안을 해결하신 하나님 아버지가 계시기 때문이다.

01

당신은 언제, 어디서, 어떤 상황일 때 안전하다고 느끼는가?

02

당신의 성장기를 돌아볼 때 가장 두려워했던 것이 무엇인가? 또 이것만은 절대 잃어버려선 안 된다고 느끼며 바라던 것은 무엇인가?

03

자녀가 보이는 불안의 증세가 있다면 무엇인가?

04

자녀가 보이는 불안 증세를 통해 아직 해결되지 않은 나의 불안 요인은 무엇인가? 또 그 불안 요인이 어떤 방식으로 자녀에게 전달되고 있는가?

05

당신은 불안하지 않기 위해 어떻게 행동하는가? 또 아이는 어떤 방어기제를 사용하고 있는가?

chapter 4

사랑의 열매를 함께 맺으려면?

불안의 성경적 해법

불안장애, 어떻게 해야 할까?

지금까지 다양한 불안장애에 대해서 살펴보았다. 요약해 보면 이렇다.

첫째, 각 장애마다 불안을 어떤 식으로 다루고 있는가, 또한 어떤 방어기제가 작동하는가를 알면 자녀를 이해하는 데 도움이 된다.

둘째, 여러 가지 불안에 대한 임상적인 진단 기준을 알면 자녀들이 보이는 불안, 그 불안을 대처하는 방략들을 추적할 수 있다. 그러면 그에 대한 대처도 구체적으로 할 수 있게 된다.

마지막으로, 어릴 때부터 안정적인 부모, 안정적인 환경에서 자란 자녀들은 맞닥뜨린 불안한 상황에 대처하고 적응하는 힘을 갖게 된다.

하지만 부모의 여러 가지 사정 때문에 자녀에게 안정된 환경을 제공하지 못했다면 자녀들은 계속 불안할 수밖에 없는 걸까? 그렇지 않다.

먼저, 자녀가 삶의 안전기지를 다시 찾으면 된다. 그리고 작지만 성공하는 경험이 축적되면 자신이 불안을 극복할 수 있을 만큼 강해졌다고, 나아졌다고 느낄 수 있게 되고, 그러면 불안은 극복될 수 있다. 자녀에게 삶의 안전기지는 어디일까? 역시 부모다. 부모는 자라는 자녀에게 삶의 안전한 터전이며 그들을 응원하고 격려하는 든든한 지원자다. 그러므로 지금도 늦지 않았다.

혹시 자녀에게 위에서 언급한 불안 증상이 보인다면 자녀를 양육하면서 자녀에게 안전한 터전이 되어 주지 못한 때와 상황은 언제였으며 무엇이었는지를 살펴보도록 하자. 그리고 자녀가 성장 과정에서 자신을 작은 존재, 부끄러운 존재, 약한 존재로 경험했을 때를 찾아보자. 그러면 어느 지점에서 든든한 지원자이자 안전한 삶의 터전으로 서 있어야 할지를 발견하게 될 것이다. 그곳에서 다시 시작하면 된다.

사랑이 두려움을 이긴다

부모가 자녀에게 가장 안전한 삶의 터전이자 든든한 지원자가 되려면 이 질문으로 돌아가야 한다.

'당신이 부모님과 성장기를 보내면서 가장 두려워했던 것은 무엇인가?'

'당신이 부모님과 성장기를 보내며 간절히 원하여, 빼앗기고 싶지 않았던 것은 무엇이었는가?'

'당신이 자녀를 사랑하기 때문에 그들에게 간절히 주고 싶었던 것은 무엇인가?'

'당신의 두려움이나 열망이 지나쳐 자녀가 겪었을 법한 불안과 두려움은 무엇인가?'

여기에 답할 때 우리는 다음과 같은 등식을 발견하게 된다.

가장 두려운 것 = 가장 빼앗기기 싫은 것 = 자신의 열망

존 파이퍼(John Piper)는 그의 저서 《존 파이퍼의 생각하라》[7]에서 인간에게 두려운 존재인 하나님을 사랑하는 법을 무서운 큰 개의 목을 꼭 껴안는 비유로 설명했다. 덩치가 큰 개를 좋아하지만 너무 무섭게 느껴져 가까이 다가갈 수 없는 경우, 그 큰 개와 친해지는 가장 좋은 방법은 무서움을 딛고 큰 개의 목을 힘껏 껴안는 것이다. 몸을 껴안는 것은 친밀감을 표현하는 것이다.

인간에게 하나님은 큰 개와 견주는 게 우스울 만큼 그야말로 두려운 존재다. 하나님은 천하 만물을 창조하시고 무소부재하시며 어떤

불의도 용납하지 않는 분이다. 그런 하나님이 우리를 대적하고 해치려 한다면 우리는 엄청난 두려움 속에서 살아야 할 것이다. 그래서 예수님은 "몸은 죽여도 영혼은 능히 죽이지 못하는 자들을 두려워하지 말고 오직 몸과 영혼을 능히 지옥에 멸하실 수 있는 이를 두려워하라"(마 10:28)고 하셨다.

그러나 정말 다행인 것은, 아니 우리 인생에게 가장 큰 축복은, 그런 하나님이 인간을 '자신의 하나밖에 없는 아들을 내어 주실' 만큼 사랑하신다는 사실이다. 우리를 무조건 사랑하셔서 우리와 늘 함께하고 싶어 하신다는 사실이다.

이 하나님의 사랑이 우리가 살면서 맞닥뜨리는 모든 불안의 해법이다.

몇 해 전 많은 사람들의 관심을 받았던 영화 <최종병기, 활>은 청나라로 잡혀간 조선 신궁의 아들과 딸의 이야기를 그리고 있다. 딸의 혼례가 있던 날, 딸은 이 땅을 유린한 청에 끌려간다. 아버지는 아들에게 어떤 일이 있어도 여동생을 지켜 내라는 명령을 내린다. 아들은 적진 깊숙이까지 들어가 적장의 품에 안긴 여동생과 마주한다. 그러나 적장과 여동생의 얼굴이 너무 가까이 있어서 조금만 빗나가면 여동생이 화살에 맞아 죽을지도 모르는 상황이다. 이 때문에 아들은 감히 활시위를 당기지 못하고 머뭇거린다. 그때 아버지가 활 쏘는 훈련을 시키며 들려준 이야기가 떠오른다.

"두려움은 직시하면 그뿐, 바람은 계산하는 것이 아니라 극복하는 것이다."

그 순간, 아들은 자신이 쏘는 화살에 여동생이 맞아 죽을지도 모른다는 두려움에 직면하여 그것을 극복하고자 활시위를 당긴다. 과연 무엇이 그 두려움을 이기게 했을까?

사랑이다. 여동생을 향한 뜨거운 사랑이, 화살이 여동생을 죽일 수도 있다는 두려움을 극복하게 만든 것이다.

'1등 불안'에 빠져 있던 내가 10여 년 전 학교 강의실에서 깨달은 것도 이와 비슷하다. 나는 선생으로서 학생들을 진심을 다해 사랑으로 가르치고 싶었다. 하지만 그렇지 못한 나를 강의 시간에 자주 대면했다. 왜 그럴까 고민하다가 나는 내가 학기 말이면 나의 강의를 평가하는 학생들을 두려워하고 있다는 걸 깨달았다. 학생들한테서 좋은 평가를 받지 못할까 봐 두려워서 그 아이들을 진심으로 사랑할 수 없었던 것이다. 그때 나는 어떻게든 내 힘으로 1등이 되려고 노심초사하는 나를 무조건 사랑하셔서 자신의 아들을 십자가에 내어 놓으신 하나님의 은혜를 떠올렸다. 그 사랑을 가슴으로 느끼는 순간, 학생들의 평가가 어떻든 더 이상 문제가 되지 않았다. 나를 좋게 평가하든 나쁘게 평가하든 그들을 진심으로 사랑할 힘을 얻게 된 것이다.

그리스도인이 자신의 불안과 두려움을 극복할 수 있는 최종 해답은 무엇이겠는가? 성령의 열매 가운데 첫째 되는 '사랑'이지 않겠는가.

"사랑 안에 두려움이 없고 온전한 사랑이 두려움을 내쫓나니 두려움에는 형벌이 있음이라 두려워하는 자는 사랑 안에서 온전히 이루지 못하였느니라"(요일 4:18).

01

성장기에 가장 두려워하던 것을 하나님을 만남으로써 두려워하지 않게 된 경험이 있는가?

02

당신은 불안을 통제하거나 회피하지 않고 그 두려움 한가운데서 하나님을 모시고 있는가?

03

불안을 이기는 해법은 사랑이라고 했다. 그런 사랑을 경험했다면 언제였는가?

04

두려움을 이기는 하나님의 사랑이 자녀에게 전달된다면 어떻겠는가? 부모로서 그 사랑을 어떻게 전달해 줄 수 있겠는가?

chapter 5

무력감과 우울감은
어떻게 생길까?

우울의 원인

우울, 언제 느낄까?

분노와 우울은 서로 대척점에 있는 감정이다. 하지만 분노와 우울을 일으키는 원인은 같다.

사람들은 대부분 살면서 좌절을 경험한다. 앞서 밝힌 대로 분노는 욕구 좌절의 표현이다. 이러한 욕구 좌절의 방향이 외부로 향하면 그 대상에게 분노가 느껴지지만, 반대로 내부인 자기 자신을 향하면 우울을 느끼게 된다.

우리는 흔히 무언가 하려는데 제대로 되지 않을 때 남 탓을 하기 쉽다. '부모가 나한테 이러면 안 되지, 사회가 이러면 안 되지' 하면서 밖을 향해 손가락질하는 것이다. 이처럼 욕구 좌절을 바깥으로 표출하면 분노가 된다. 반면에 똑같은 좌절을 경험했을 때 '네가 그렇게 하면 안 되지, 네가 잘했어야 했어, 네가 문제야'라고 스스로를 나무라면 우울이 된다.

이렇듯 분노와 우울은 욕구 좌절의 서로 다른 표현 방식일 뿐 결국 같은 것이다.

당신은 언제 우울을 느끼는가? 우리는 일이 잘 안 될 때, 내 외모가 별로라고 느껴질 때, 내 곁에 아무도 없다고 느낄 때 우울을 느낄 수 있다. 자녀를 둔 부모는 자녀가 성적이 떨어졌을 때 우울감을 느낄 수 있다. 자녀를 통해 자신의 성취 욕구를 충족하려는 부모는 그것이 뜻대로 되지 않을 때 자신을 자책하며 우울감에 빠진다. 당신은 어떤 상황에서 우울한가?

우울의 증상

우울을 느낄 때 나타나는 증상으로는 우울, 무관심과 무흥미, 식욕 감소나 증가로 인한 체중 변화, 불면과 과수면, 피로감과 무기력증, 무가치감과 부적절한 죄책감, 정신운동성 초조나 지체, 집중력과 판단력 감퇴, 죽음에 대한 생각과 자살 충동 등이 있다. 이 증상들이 2주 연속으로 5개 이상 나타나면 병원에서 우울증 진단을 내린다. 우울증의 증상을 자세히 알아보자.

첫째는 우울감이다. 울적하고 늘 기분이 가라앉아 있는 상태다. 청소년들은 계속해서 짜증내고 화를 내는 방식으로 우울을 표현하기도 한다.

둘째는 무관심과 무흥미다. 뭐를 하자고 해도 들은 척 만 척한다. 이건 어떨까 저건 어떨까 물어봐도 도무지 흥미를 보이질 않는다.

셋째는 너무 안 먹거나 너무 먹는 것이다. 보통 우울하면 밥맛이 없을 것이라 생각하지만 오히려 통제가 되지 않을 만큼 계속해서 먹는 사람도 있다. 이렇듯 식욕이 왕성해지거나 감퇴해서 체중에 변화가 나타난다.

넷째는 불면이나 과수면이다. 우울한 사람은 보통 잠을 잘 못 자지만 오히려 잠을 너무 많이 잘 수도 있다.

다섯째는 쉽게 피곤하고 에너지가 떨어진다. 기운이 없고 몸이 처지며 기력이 없다.

여섯째는 무가치감과 부적절한 죄책감이다. 나 같은 게 무슨 가치가 있을까, 내가 그때 잘했어야 했는데 하면서 자신을 무가치하다고 느끼고 죄책감으로 밀어 넣게 된다.

일곱째는 정신운동성 초조나 지체. 정신운동성 지체란 생각이나 행동이 지체되는 경우를 의미한다. 예를 들어, '너 밥 먹을래?' 하고 물어보면 '어… 밥이 먹고 싶은가?'라고 생각은 하지만 대답이나 그에 따른 행동이 지체되는 현상을 말한다. 반대로 안절부절못하거나 어쩔 줄 모르는 초조한 상태로 나타날 수도 있다. 이를 정신운동성 초조라고 한다.

여덟째는 집중력, 판단력의 감퇴다. 집중이 안 되고 판단력이 떨어지기 때문에 결정이 더디며 우유부단해지고 상대방의 이야기를 귀 기울여 듣지 못한다.

마지막으로, 자살 충동이다. 죽음에 대한 생각을 자주 한다. 이렇게 힘들게 살 바엔 그냥 죽는 게 낫겠다고 생각한다. 자살하려는 사람에게 가장 필요한 것은 작은 희망이다.

이 작은 희망 하나만 붙들 수 있다면 적어도 스스로 목숨을 끊는 일은 일어나지 않는다.

사람이 우울증에 걸리고 자살을 시도하는 이유는, 세 가지가 없기 때문이다. 인지상담자들은 이를 '인지삼제'라고 한다.

첫째는, 나에 대해 희망이 없다. 현재는 물론이고 3년 뒤, 10년 뒤에도 희망이 보이지 않는다.

둘째는, 세상에 대해 희망이 없다. 학교에 가도 집에 가도 직장에 가도 희망이 보이지 않는다.

셋째, 미래에 대해 희망이 없다. 나 자신은 물론이고 세상도 미래가 보이지 않는다.

이렇듯 작은 희망조차 보이지 않을 때 사람들은 절망하고 절망은 우울한 생각으로 치닫게 해 심지어 자살까지 시도하게 만든다. 자살로 몰고 가는 가장 무서운 느낌은 절망감이다. 혹시 주변에 자살 충동을 보이는 청소년이 있다면, 눈을 바라보며 진정으로 "죽지 말라"

고 이야기해 주어야 한다. 그리고 자살과 관련된 이야기를 피하지 말고 적극적으로 꺼내서 들어봐야 한다. 누군가 한 사람이 자신의 절망감을 알아주고, 이해하며, 함께 작은 희망을 찾아 줄 수 있다면 청소년들은 쉽게 삶의 끈을 놓지 않을 것이다.

가면을 쓰고 나타나는 우울

청소년인 자녀가 위와 같은 행동을 보인다면 우울증을 의심해 보아야 한다. 한편, 앞서 설명한 전형적인 우울증과는 달리 청소년 자녀에게는 겉과 속이 다르게 표현되는 가면우울증이 나타나기도 한다. 겉으로는 가면을 쓴 것처럼 웃고 있지만 속에서는 우울의 증상들이 나타나고 있는 경우다. 가면우울증에 걸린 청소년들은 무력감이나 위험한 장난, 성적인 문란, 비행, 중독 등의 형태로 자신의 우울감과 무력감을 나타낸다.

종종 함께 모임을 갖는 동네 학부모들이 있다. 어느 날 외국으로 나가게 된 학부모 가족을 위한 환송 파티를 가졌다. 모임을 끝내고 집에 가려는데 어느 가정의 초등학생 자녀가 사라졌다. 각자 흩어져 사방으로 아이를 찾아 나섰는데 아이는 주차장에서 발견되었다. 지하 주차장 환풍구 위를 혼자서 왔다 갔다 하고 있었던 것이다. 얼마

전 한 초등학생이 환풍구에서 떨어져 죽은 사고가 일어나서 각별히 조심시키던 곳이었다.

아무래도 아이가 의심되어 다음 날 아이의 엄마에게 센터에 와서 심리검사를 받아 볼 것을 권했다. 어린 아이의 심리검사를 할 때는 부모와 함께 검사할 수 있는 CBCL(Child Behavior Check List)을 사용한다. 결과는 역시 우울증이었다. 아이의 엄마는 어느 정도 예상은 했지만 무척 놀랐다고 말했다. 평소 아이의 모습이 우울증과는 거리가 멀어 보였기 때문이다. 이 아이 역시 가면우울증에 시달리고 있었다. 왜 이 아이는 가면우울증에 걸렸을까?

이 아이의 형은 공부를 아주 잘한다. 잘해도 너무 잘한다. 아이는 아무리 노력해도 형과 같은 성적을 낼 수 없다는 걸 안다. 동시에 그래서 엄마의 사랑을 잃을까 두렵다. 아이는 엄마의 사랑이 형한테만 쏠릴 게 두려워 이렇게 위험한 곳에 올라가는 행동으로 엄마의 눈을 자신에게로 돌려놓는 것이다. 그러니까 아이가 가면우울증에 걸린 근본적인 이유는 엄마의 사랑을 잃을 것이 두려웠기 때문이다.

이유 없이 두통이나 소화장애를 호소하는 것도 부모의 관심을 끌고 싶은 감정에서 비롯된 것일 수 있다.

성인이 가면우울증에 걸렸다면 쾌락을 좇는 취미에 빠질 수 있다. 우울하면 정상적인 생활을 하기가 어렵다. 이 우울에서 시선을 돌리기 위해 그보다 더 자극적인 쾌락을 좇는 것이다.

노인의 경우는 방 닦기 같은 의미 없는 일들을 반복하기도 한다. 예를 들어, 강박적으로 걸레질을 한다면 이는 우울의 한 증상이라고 보여지며, 자칫 치매와 혼동되기도 한다.

> **가면우울증의 증상** [8]
>
> 1. 겉으로는 늘 웃는다.
> 2. 무력, 위험한 장난, 성적 문란 등 비행과 중독 행동을 보인다(청소년).
> 3. 지나치게 건강을 의식한다.
> 4. 이유 없이 두통, 소화장애 등 다양한 증상을 호소한다.
> 5. 도박이나 술 등 쾌락을 추구하는 취미에 빠진다(성인).
> 6. 방 닦기 등 의미 없는 일을 반복한다(노인).

기분 전환의 나쁜 형태

조증은 우울증의 보상으로 나타나는 증상이다. 계속 우울한 상태에 놓이면 정상적인 생활이 어렵다. 평범한 사람들도 기분이 울적해지면 기분 전환할 일을 찾는다. 조증은 우울한 사람들이 기분 좋은 일을 찾을 때 나타나는 증상이다.

조증의 증상으로 첫째, 과장된 자신감을 보인다. 도무지 그 일을 해낼 능력이 없어 보이는데, 본인은 할 수 있다고 장담하며 일을 벌인다.

둘째, 잠을 잘 안 잔다. 며칠 밤을 꼬박 새우면서도 피로를 느끼지 않는다.

셋째, 말이 많아진다. 하루는 알고 지내던 후배에게서 전화가 왔는데 고민 상담을 해달라고 했다. 그런데 2시간가량을 혼자 떠들었다. 딱히 하고 싶은 말이 무엇인지 핵심을 알 수 없을 정도로 그의 말은 계속되었다. 나중에 주위 친구들을 통해 들어 보니 그 후배는 오랫동안 조울증을 앓고 있었다.

넷째, 사고의 비약이 심하다. 한 가지 생각에 집중하지 못하기 때문에 충동적이고 즉흥적이다.

다섯째, 주의가 산만하여 집중하기 어렵다.

여섯째, 목표 지향적인 활동을 하려 하고 흥분을 잘한다. 맡겨진 일이 있으면 잠도 안 자고 엄청난 에너지를 발휘해 그 일을 해낸다.

일곱째, 위험하거나 쾌락적인 일에 지나치게 몰두한다.

우울한 사람이 조증 상태로 들어갔을 때 자살 시도를 많이 한다. 정말 우울한 사람은 자살을 시도할 힘조차 없어서 자살을 시도할 수 없으나, 조증 상태에 접어들면 자살을 기도할 만한 에너지가 생겨 위험해질 수 있다.

조증 상태에 있던 사람이 현실감을 찾으면 곧바로 우울감에 빠진다. 현실이 인식되면서 다시 우울해지는 것이다. 이때 자살 충동을 느낄 수 있다.

위의 일곱 가지 증상 중에서 3개 이상 일주일 이상 지속된다면 조증이라고 진단을 내린다.

우울증과 조울증(양극성장애)에 대해 이렇게 자세히 진단 기준을 안내하는 이유는 부모를 비롯하여 주변 사람들이 청소년의 상태에 대해 바른 판단을 내리지 못할 때, 더 큰 어려움과 위험에 직면할 수 있기 때문이다.

우리나라 십대들은 가혹할 정도로 학업 스트레스에 시달린다. 정상 아이들도 감당해 내기 어려운 공부를 우울한 상태에서 해내기란 참으로 쉽지 않다. 게다가 앞으로 말하겠지만 우울한 성향을 가진 아이들은 삶의 기준이 유난히 높다. 이러한 상황에서 부모가 자신에게 힘에 부치는 요구를 계속하면 청소년 자녀들은 '우울'의 블랙홀에 빠져 쉽게 빠져나오기 어렵다.

이상의 우울의 진단 기준을 참고하여 혹시 자녀의 우울증이 의심되면 바로 적절한 도움을 받게 해야 한다.

왜 우울해질까?

우울해지는 원인을 고전 정신분석학적 입장에서 살펴보면, 첫째는, 실패를 경험할 때 우울증에 빠지기 쉽다. 실패로 인한 좌절이 우울감을 가져오는 것이다.

둘째는, 생물학적 원인이 있다. 혈중 도파민(dopamine)이 부족해졌을 때 우울해지는 것이다. 도파민은 신경전달물질로 뇌세포들이 신호를 주고받을 때 분비된다. 즐겁거나 흥분되는 느낌을 주기 때문에 흔히 '행복 호르몬'이라고 한다. 따라서 혈중에 도파민이나 엔도르핀(endorphin)이 일정 농도로 있으면 계속 기분 좋은 상태를 유지할 수 있다.

일반적으로 신경정신과에서 처방하는 약물은 항불안제, 항우울제, 항정신증 약물이다. 불안, 우울, 정신분열증(조현증)과 같은 증상이 심하게 나타나면 가장 먼저 해야 할 일은 약물을 투여하는 것이다. 이 같은 증상은 약에 잘 반응하며, 시기를 놓치면 위험해질 수 있기 때문이다.

조현증은 만 14세에서 15세 사이에 많이 나타난다. 그 이후에는 20대 후반에서 30대 초에 나타나기도 한다. 초기에 약을 처방하여 증상을 가라앉힌 후, 현실감이 생긴 다음에 심리치료를 하면 대부분의 청소년들은 회복이 된다. 하지만 이 시기를 놓치면 만성화되어 평생 자기만의 세계에 갇혀 살게 된다.

우울증 치료제는 도파민과 비슷한 화학구조로 만들어진다. 도파민과 가장 비슷한 구조물을 화학적으로 합성함으로써 혈중 농도를 유지시키는 것이다. 정신과 약물은 최소 3, 4주는 기다려 봐야 혈중에 농도가 원하는 만큼 올라가 효과가 나타난다. 겨우 일주일 경과해서 효과가 없다고 복용을 중단해서는 안 된다.

셋째는, 지나치게 강력한 초자아가 작동하기 때문에 우울해진다. 프로이트(Sigmund Freud)는 성격의 구조에는 이드(id), 자아(ego), 초자아(superego)의 세 가지가 있으며, 이 세 가지가 상호 작용해서 나타나는 것이 행동이라고 보았다.

초자아(superego)는 무엇이 옳고 그른가에 대한 사회적 기준과 양심의 지배를 받는다. 대부분의 사람들은 아동기를 통해 부모의 가치관, 선과 악, 도덕과 같은 사회적 규범을 내면화시킨다.

자아(ego)는 현실적, 합리적 원리에 따라 의사결정을 작동한다. 그리고 사회규범, 규칙, 관습과 같은 사회 현실을 고려해서 행동을 결정한다.

이드(id)는 정신적 에너지의 저장소로서 성격의 원초적(일차적), 본능적 요소다. 즉 이드는 행동의 힘을 부여하는 근원적인 생물학적 충동(먹고, 자고, 배변하고, 성관계를 하는 것)을 저장하고 있다. 이드는 생물학적 충동을 지연시키지 않고 즉각 만족시키려는 쾌락 원리의 지배를 받는다.

전통적으로 정신분석 학자들이 이 세 가지 중에 강화시키고자 하는 부분은 자아(ego)다. 왜냐하면 자아가 현실적이고 합리적인 해석이나 판단 능력을 행사하기 때문이다. 따라서 자아가 강화되면 이드와 초자아 사이에서 벌어지는 여러 가지 갈등을 자아가 통제할 수 있게 된다. 즉 본능과 양심이 충돌할 때 자아가 통제하고 합리적으로 통합하는 역할을 하는 것이다.

가령, 내가 12시에 수업을 끝내야 하는데, 12시 10분이 되어도 끝내지 않는다고 해보자. 이드에 따라 반응하는 사람들은, 12시 15분이 되도록 수업을 끝내지 않으면 손을 들고 수업을 끝내 줄 것을 요구할 것이다. 그러나 초자아가 강한 사람들은 '참아. 너는 수강생으로서 도리를 지켜야 해' 하며 윤리를 들고 나와 자신을 통제시킨다.

정신분석학은 이드와 초자아는 기본적으로 충돌할 수밖에 없다고 본다. 이때 자아가 강화된 사람은 둘 사이의 갈등을 조절하고 통제할 수 있다.

일반적으로 우울증은 초자아가 강한 사람들이 걸리기 쉽다. 양심과 도덕의 원리를 따르는 초자아가 강한 사람은 '너 이것도 못했잖아, 저것도 못했잖아, 이러면 안 되는 거잖아'라고 자책을 많이 한다. 크리스천 중에 우울증에 걸린 사람들이 의외로 많은 이유도 이 때문이다. 교회에서 예배드리고 나면 마음에 기쁨과 평강이 넘쳐야 하는데 오히려 죄의식에 사로잡히고 말씀대로 살지 못해서 비참함을 느낀다. 또 실패하거나 좌절했을 때 자책하느라 극복이 쉽지 않다.

하나님이 하나밖에 없는 독생자를 보내셔서 우리를 의인으로 만들어 주셨다. 실패나 좌절, 죄의식은 내 힘으로 극복할 수 있는 것이 아니다. 오직 하나님만이 그것으로부터 나를 자유하게 하실 수 있다.

넷째는, 부모의 가치나 기준을 '내사'함으로써 초자아가 강한 아이가 된다. '내사'란 타인의 기준을 무비판적으로 받아들여 자신의 기준으로 만들어 버리는 것을 말한다.

사람은 만 2세부터 부모가 가르친 가치와 기준을 습득하고 배우기 시작한다. 만 3세부터는 눈치가 생겨서 부모가 무엇을 좋아하는지, 어떻게 하면 칭찬을 받고 혼나는지를 알게 된다. 프로이트도 만 3세가 되면 초자아가 완성된다고 했다. 아이의 자아가 강하면, 부모가 주입시키려는 가치와 기준을 있는 그대로 습득하지 않고 판단할 수 있다.

나의 작은아들은 주말이면 공부하느라 거의 쉴 수가 없다. 그래서 매주 수요일은 무조건 쉬는 날로 정해 그날 하루만큼은 공부에서 해방시키고 있다. 어느 수요일, 다음 날이 전국모의고사를 보는 날인데, 작은아들은 수요일은 무조건 쉰다는 원칙에 따라 일찌감치 잠자리에 들었다. 부모 된 입장에서는 시험 전날인 만큼 공부 좀 했으면 하는 마음이 들었지만 원칙에 따른 행동이었으니 뭐라 할 말이 없었다.

다음 날 일어나서 한다는 말이 자기는 대학에 가서 제대로 공부하겠다는 것이다. 그러면서 박사학위를 취득하려면 어떻게 해야 하는지를 물었다.

이처럼 누가 뭐래도 자기 기준이 명확한 아이는 그리 걱정할 필요가 없다. 이런 사람은 지름길을 벗어나 헤맬 수는 있어도 스스로 자신의 인생을 설계하고 실천해서 결실을 이루어 낸다.

이와 반대로 부모의 기준이나 가치를 절대적인 자기의 것으로 내면화시키는 경우, 자녀는 부모가 설계하고 만들어 놓은 길을 따라 인생을 살게 된다. 자기 인생이 아니라 부모의 인생을 대신 살아가는 것이다. '내사'의 원리에 따르면, 이런 아이에게서 우울증이 자주 나타난다. 부모의 기준에 미치지 못했을 때 좌절을 경험하게 되고 이때 자녀들은 스스로를 자책하게 된다. 여기에 강박적인 죄책감이 더해지면 스스로를 공격하기 시작한다. 우울증에 걸린 아이를 구하고 싶다면 먼저 부모가 자신의 기준과 가치를 아이에게 강요하는 태도를 내려놓아야 한다. 대신 아이 스스로 자기 기준과 가치를 세우도록 도와줘야 한다.

대개 삶의 기대나 기준이 높은 사람들이 우울증에 걸리기 쉽다. 예를 들어, 700명 중에 400등 하는 아이는 옥상에서 뛰어내리지 않지만 3, 4등 하던 아이가 20등으로 떨어지면 절망하며 옥상에서 뛰어내릴 수 있다. 스스로 평범하다고 생각하는 사람은 우울하지 않다. 오히려 항상 기대 이상의 성과를 내야 한다고 생각하는 사람은 우울해지기 쉽다. 정말 우울한 사람들은 자기가 아무것도 아니라고 느낀다. 그러나 우울증에 걸린 대부분의 사람들은 자신이 꽤 괜찮은 사람이라고 생각한다. 나는 꽤 괜찮은 사람이라서 이 정도는 충분히 해내고도 남는데 현실은 그렇지 못하다고 느낄 때 우울에 빠지는 것이다. 그래서 우울증을 자기애적이라고 말한다.

그런데 대개 이런 태도는 부모의 영향을 받아서 생겨난다.

혹시 내 아이에게 너무 높은 기준을 요구하는 것은 아닌지, 그래서 자녀에게 실패감과 좌절감을 안겨 주고 있는 것은 아닌지, 나아가 그 기준을 만족시킬 수 없다는 죄책감에 시달리게 하는 것은 아닌지 돌아봐야 한다.

대한민국 청소년들이 우울에 빠져 있다

대한민국 청소년들은 왜 우울할까? 대한민국 사회는 성적순으로 모든 것을 서열화한다. 성적이 좋으면 좋은 대학에 갈 수 있고, 좋은 직장에 들어가 성공한 인생을 살 수 있다고 생각하고 또 공공연하게 그렇게 가르친다. 우리 사회에서 청소년은 공부 외에는 선택지가 거의 없다. 학교도 가정도 사회도 공부만 열심히 하라고 입을 모아 강요한다.

첫째 아이가 중학교 다닐 때 남자 선배들이 이런 이야기를 했다고 한다. "수능점수가 올라갈 때마다 여자 친구의 미모 수준이 달라진다. 예쁜 여자랑 결혼하려면 공부를 잘해야 한다." 공부만 잘하면, 좋은 직장에 들어가기만 하면, 출세만 하면 성공적인 인생이라는 믿음이 우리 사회를 지배하고 있다. 청소년은 물론이고 청년들까지도 가치 있는 인생, 더불어 세상을 아름답게 만드는 인생에 대한 고민을 전혀 하지 않는다. 어른들이 그런 고민을 할 틈도 주지 않고 공부하라고, 경쟁에서 이기라고 밀어붙이기 때문이다. 대학도 등급이 정해져 있다. 그래서 등급이 높은 대학에 들어가지 않으면 실패했다고 여긴다. 그러니 사회와 어른들이 만들어 놓은 절대적인 것처럼 보이는 기준에 미치지 못하는 우리나라의 수많은 청소년들이 우울할 수밖에 없는 것이다.

01

당신의 부모님이 당신에게 최소한 이 정도는 살아야 한다고 요구한 것이 무엇인가?

02

그 요구에 부합하기 위해 어떤 노력을 기울였는가?

03

당신은 자녀에게 어떤 요구를 하고 있는가? 그 요구를 아이는 어떤 식으로 받아들이는 것 같은가?

누군가 한 사람이 자신의 절망감을 알아주고, 이해하며,
함께 작은 희망을 찾아 줄 수 있다면
청소년들은 쉽게 삶의 끈을 놓지 않을 것이다.

chapter 6

희락의 열매를
함께 맺으려면?

우울의 성경적 해법

우울, 어떻게 이길까?

그럼 심각할 정도로 우울한 자녀들에게 부모가 해줄 수 있는 것은 무엇일까?

첫째, 지나친 칭찬과 격려보다는 현재의 상황을 수용하고 지지해 주는 것이 좋다. 우울한 사람들은 지금까지 높은 기준에 따라 살려고 애써 왔지만 생각처럼 인생이 풀리지 않았다. 따라서 이들에게는 칭찬이나 격려가 자칫 '더 잘하라'는 요구로 들리기 쉽다. 그런 사람에게는 '잘할 수 있어'라는 격려보다는 있는 모습 그대로를 수용하고 공감해 주는 것이 필요하다.

둘째, 약물을 복용하도록 하는 것이다. 앞에서 말했듯이 우울은 발병 초기에 약물로도 충분히 상당한 수준으로 개선될 수 있다. 자세한 사항은 우울의 원인 부분을 참고하기 바란다.

셋째, 부모로 인한 내사가 있다면 그 내용을 발견하여 지우개로 지워야 한다. 우울한 사람들의 귀에는 부모의 목소리가 왕왕 울린다.

첫째 아이가 학교에서 담배 피우다 걸린 날, 하나님께서 나에게 하신 말씀이 있다.

"이제 엄마 목소리 따라 사는 거 그만해라. 1등 인생 살려고 애쓰지 마라."

하나님은 부모의 기대를 충족시키기 위해 달려온 내 인생을 돌아보게 하셨다. 그리고 내가 1등 인생을 살지 않아도, 자신의 아들을 내어 주시기까지 나를 사랑하신다는 사실을 확인해 주셨다. 하나님은 내가 꼴등을 해도 변함없이 나를 사랑하신다. 이 사실을 깨닫고 하나님의 목소리에 귀를 기울이면서, 나는 내 부모의 기대로부터 자유로워질 수 있었다.

어머니는 내가 유명 대학의 교수가 아닌 것을 늘 아쉬워했다. 만일 내가 그런 어머니의 기대를 만족시키기 위해 유명 대학의 교수가 되려고 기웃거리며 동분서주했다면, 내 아이들은 더 큰 고통을 겪었을 것이다. 하지만 하나님은 내가 어머니의 기준에 따라 살지 않아도 된다고, 그럴 수도 없다고 말씀하셨다. 다행히 그 말씀을 듣고 나는 모든 것을 내려놓았다. 그러자 그때부터 하나님이 일하시기 시작했다. 어머니가 그토록 바라던 서울대학교에서 강의를 하게 된 것이다. 비록 격년이긴 하지만 비행청소년 중독 상담 강의를 위해 2년마다 강단에 서게 된 것이다.

더구나 학생들의 강의 평가가 가장 높은 교수 중 하나다.

나는 서울대 강단에 서게 되었을 때 하나님께 "때를 얻든지 못 얻든지 복음을 전하겠다"고 서원하고 나갔다. 내가 서울대생들 앞에서 전하는 복음은, '내가 죄인이다'는 사실을 인정하는 것이다. 내가 얼마나 못나고 한심한 사람인지를 전하는 것이다. 그랬더니 어떤 학생이 내게 "당신은 학자로서나 교수로서나 나의 롤모델이다"라고 말해 주었다. 참으로 감사했다. 나는 그에게 이렇게 말해 주었다.

"나에게서는 선한 것이 나올 게 없다. 네가 내게서 어떤 선한 것을 보았다면 그것은 나를 통해 하나님이 나타나시기 때문에 그럴 것이다. 나는 언제나 이 강단에 설 때면 하나님께 기도한다. '내가 아니라 하나님이 일해 주십시오'라고."

이처럼 하나님이 나를 통해 일하시자 내 힘으로는 도저히 안 되던 일들도 놀랍게 이루어지는 것을 경험한다.

당신의 부모는 당신의 귀에 어떤 것들을 주입시켰는가? 또 당신은 당신의 귀에 주입된 가치와 기준들을 어떻게 지웠는가? 더 나아가 부모의 목소리 대신 하나님의 목소리로 대체시켰는가? 그리고 당신은 당신의 자녀들에게 무엇을 주입시키고 있는가?

지난주에 오랜만에 아이들과 함께 가정예배를 드렸다. 함께 말씀을 읽고 기도제목을 나누었다. 지난 한 주 동안 감사한 기도제목과 이번 주에 간구할 기도제목을 나누다 보면, 아이들이 한주 동안 어떻게 보냈는지, 돌아오는 한 주간을 어떻게 지낼지가 눈에 그려진다. 둘째 아이는 중간고사 기간을 맞아 공부를 열심히 하게 해달라는 기도제목을 내놓았다. 지난 모의고사 때만 해도 전혀 공부하지 않던 아이가 웬일로 이제부터 공부하겠다고 기도제목으로까지 내놓은 것이다.

그 이유를 들어 보니, 수학 시간에 교생 선생님이 진도를 잘못 알고 있었는데 그 사실을 수학 선생님이 직접 말하지 않고, 자기 짝꿍에게 시켜서 말하게 했다는 것이다. 둘째 아이는 수학 선생님의 배려와 지혜에 감동받았다면서 자기도 공부 열심히 해서 다른 사람을 배려하는 지혜로운 사람이 되어 하나님 나라가 넓어지는 일에 쓰임 받아야겠다고 했다. 둘째 아이는 기도를 통해 자신에게 말씀하시는 하나님의 목소리에 귀를 기울이고 있었다.

분노 폭발 – 우울에서 회복되는 증거

부모의 목소리가 지워지면 아이들은 자신이 그동안 우울했던 원인을 다른 사람에게 돌리면서 분노하기 시작한다. 이전에는 모든 실패와 좌절의 원인이 자신이라고 여겼다면, 이제는 그 원인을 부모나 주변 사람들에게 돌리며 화를 쏟아 내는 것이다.

이때 부모는 자녀의 분노를 견디고 감당해야 한다. 부모가 먼저 인내하며 아이의 분노를 받아 주지 않으면 아이는 변화되기 어렵다.

자녀들이 우울해 있다가 어느 순간 부모에게 대들고 화를 낸다면, 아이가 낫는구나 하고 기뻐하면 된다. 그런데 대부분의 부모들은 이 시점에서 아이를 데리고 상담실을 찾아온다. 좀처럼 부모에게 대드는 아이가 아닌데 더 나빠지는 게 아니냐며 걱정하면서 말이다. 그러면 나는 기뻐할 일이라고, 아이가 낫고 있는 거라고 말해 준다.

그다음 해야 할 일은, 기대를 현실적으로 조정하여 통합된 나로 사는 것이다. 부모의 높은 기준이 아니라 아이가 원하는 것, 아이가 원하는 상태로 조정해야 한다. 아이가 스스로 자신이 할 수 있는 만큼 원하는 대로 사는 게 행복하다는 것을 깨달아야 한다. 아이가 스스로 자기 삶의 방향과 기준을 세워야 하는 것이다..

서울대병원에서 우울증 치료를 받던 대학생이 나와 1년여 상담을 하고 마침내 종결하던 날, 이런 말을 했다.

"선생님, 제가 다시 우울해질 수 있다는 것을 알아요. 이 우울감은 평생 제가 안고 가야 한다는 것도 알아요. 그런데 겁나지 않아요. 하나님이 이 길을 함께 동행해 주실 걸 알기 때문이에요."

이 청년은 나와 상담하던 중에 38년 된 병자에 대한 설교를 들었을 때 자신이 오랫동안 한 번도 낫기를 구한 적이 없다는 사실을 깨달았다고 했다. 왜냐하면 병이 나으면 부모가 자신을 가만두지 않을 것을 알았기 때문이었다. 그런 청년이 말씀을 통해 하나님의 무조건적인 사랑을 접하게 되니 낫기를 구하고 하나님과 동행하는 삶을 꿈꾸기 시작했다. 부모의 기대를 걷어 내고 하나님의 기대를 따라 사는 것이 얼마나 기쁜 일인지를 몸소 체험하며 살아가게 된 것이다. 실제로 청년은 이후 2년간 선교지에 나가 헌신했고, 그곳에서 자신이 정말 하고 싶은 일이 무엇인지를 발견했다. 바로 아이들을 가르치는 일이었다. 지금 청년은 대학원에서 교육과 관련된 공부를 한 뒤 국제학교에서 아이들을 가르치고 있다.

우울한 사람들의 죄는 자신의 힘으로 더 나은 삶을 살려고 애쓰는 데 있다. 하지만 우리 각자는 하나님이 지으시고 이대로 심히 좋았다고 한 존재임을 깨달아야 한다. 나라는 존재가 얼마나 존귀한지를 알아야 한다. 자신을 학대하며 방치하는 것을 멈추고 하나님 앞에 나와서 회개해야 한다. 실패를 받아들이고 하나님께 우리의 삶을 의탁해야 한다. 또 실패하고 넘어져도 하나님은 변함없는 사랑으로 돌보시고 인도하시는 분임을 믿어야 한다.

그동안 내 힘으로 성공의 자리에 오르려고 얼마나 힘들었는가. 이제 1등이 아니라 꼴등이 되기를 권한다. 꼴등부터 되는 용기를 배워야 1등을 해도 '내가 이루었다' 교만하지 않고 그것을 통해 하나님의 영광을 드러낼 수 있다.

꼴등은 용기 있는 사람만이 할 수 있다. 왜 그런가? 꼴등해도 사랑받는다는 확신이 있는 사람만이 꼴등을 할 수 있기 때문이다. 우리가 비천한 자리에 있을 때 하나님은 우리를 너무 사랑하셔서 독생자 아들을 십자가에 내어 주셨다. 그 사랑을 의심하지 않는다면 우리는 꼴등할 용기가 있는 사람들이다.

엘리야도 우울증을 앓았다

성경을 보면 하나님께서 우울증을 상담하시는 장면이 나온다. 하나님이 엘리야를 만난 장면이다. 엘리야는 하나님을 의지해 바알 선지자들과 멋지게 한판승을 거둔 뒤 놀랍게도 서슬 퍼런 이세벨을 피해 광야로 도망을 간다. 방금 전까지도 하나님의 놀라운 역사를 수많은 사람들 앞에서 증거해 보인 그가 다음 순간 평범하기 이를 데 없는 사람이 되어 허둥지둥 광야로 도망을 친 것이다. 그리고 엘리야는 광야의 로뎀나무 아래에서 하나님께 죽기를 구한다. 그때 하나님은 엘리야에게 "쉬고 먹어라" 하면서 먹을 것을 주셨다.

오늘날 우울증으로 고통받는 사람들에게는 먼저 필요한 것이 공급되어야 한다. 우울한 사람들은 잘 못 먹는다. 우울증이 심한 환자가 상담에 오면 나는 가장 먼저 '약 잘 챙겨먹고 끼니 거르지 말라'고 말한다. 그리고 상담하는 동안에도 어떻게 하면 밥을 잘 챙겨먹을 수 있는가에 대해 고민하고 나눈다.

어떤 내담자는 무엇을 먹고 싶으냐니까 아무것도 생각나지 않는다더니 다음에 왔을 때는 시리얼이 생각난다 했고 그다음에는 딸기가 생각난다고 해서 아침식사로 시리얼과 딸기우유를 먹기로 함께 정했다. 그를 위해 내가 해준 상담은 그것이 전부였다.

하나님도 깊은 우울을 느끼는 엘리야에게 어려운 것을 요구하지 않으시고 먹을 것을 주셨다. 먹고 쉬면서 기력을 회복하도록 하셨다.

이어서 하나님은 엘리야에게 먹을 것을 주신 뒤 자신의 열심이 특별하다고 말하는 엘리야에게 "너만 잘하고 있는 게 아니다. 지금 바알 앞에 무릎을 꿇지 않은 자가 7천 명이나 더 있다"고 도전하셨다. 엘리야는 자기 혼자만 의인이 되어 고군분투하고 있다고 생각했지만 하나님은 이미 그를 도울 대군을 준비시키신 것이다.

우울한 사람들은 자기만 애쓰며 살고 있다고 생각한다. 그러나 이 세상을 사는 어떤 사람도 애쓰지 않는 사람은 없다. 모두 어떤 모양으로든 치열하게 살고 있다. 그러나 인생의 싸움은 사람에게 달려 있지 않다. 하나님께서 엘리야에게 바알 선지자를 대항하여 승리할 힘을 주시고, 그와 함께할 7천 명을 준비하신 것처럼, 우리의 싸움도 하나님께 달려 있다. 이 사실을 인정할 때 우울을 깨고 나올 수 있다.

실패를 회피하지 말고 차라리 인정하라

하나님은 그런 다음 엘리야에게 '내가 너와 함께할 일이 아직 남아 있다'면서 엘리사를 세우라고 하셨다. 이것이 바로 하나님의 우울증 상담이다. 이를 수용전념치료라고 한다. 수용전념치료란 무엇일까?

우울은 고통 더하기 통제의 노력에서 비롯된다. 수용전념치료의 골자는 '너의 고통을 수용하고 너의 가치에 전념하라'이다. 그럼 무얼 수용해야 하는가?

인간은 존재 자체가 죄인이므로 고통을 피할 수 없다.

하나님은 인간에게 에덴동산에서 풍족하게 살 수 있는 자유를 주셨건만 인간은 거기에 만족하지 못하고 하나님과 동등한 존재이기를 원했다. 선악과 사건은 하나님과 같은 존재가 되고자 하는 탐심이 빚어낸 사건이었다.

우리는 모두 머리로는 피조물에 불과하다는 것을 알면서도, 내 힘으로 성공하려 하고 내 힘으로 무언가를 성취하려 든다. 선악과를 먹었지만 우리는 여전히 하나님처럼 되지 못했다. 그 사실을 아는 것 자체가 사실은 고통이다. 그럼에도 이 고통을 수용하고 하나님을 인정할 때 우리는 비로소 피조물로서 하나님을 기뻐하는 삶을 살 수 있게 된다. 오히려 내가 피하려던 고통을 계속 경험하더라도, 그

안에서 하나님께서 내게 의탁한 사명을 찾아 전념할 때 건강한 마음으로 살아갈 수 있다.

나는 가난한 남편을 만났다. 당연히 시댁이 가난했다. 결혼 초 나는 열심히 일해서 돈을 많이 벌어 시집을 일으키겠다고 결심했다. 당시 내 월급이 80만 원이었는데 그것으로도 부족하면 약학 전공을 살려 약국을 경영해서라도 돈을 많이 벌어야겠다고 생각했다. 하지만 시댁을 가난으로부터 구원하겠다는 결심은 결혼 10년이 지나면서 완전히 좌절되었다. 그리고 그것이 얼마나 교만하기 이를 데 없는 생각이었는지를 깨달았다. 나는 내가 번 돈을 시댁에 드리는 것이 너무나 아깝게 느껴질 만큼 가족보다 돈을 더 중요하게 여기는 사람일 뿐이었다.

이렇게 나의 바닥을 보고 나자 심령이 가난한 자가 되어 하나님 앞에 무릎을 꿇었다. 내 힘으로 이 집을 구원할 수 없음을, 오직 하나님만이 구원하실 수 있음을 고백했다.

그런데 여기서부터 복음의 역설이 시작된다. 우리가 "하나님, 전 이것밖에 안 돼요" 하고 고백하고 나아가면 하나님은 뭐라고 대답하시는 줄 아는가? "그래, 넌 그것밖에 안 돼. 앞으로 까불지 마" 하실까? 아니다.

"너 그게 무슨 소리니? 넌 내 눈에 넣어도 아프지 않은 귀한 딸이야(아들이야). 그동안 혼자 많이 애썼구나. 이제부터는 내가 함께해 줄

게. 사랑한다, 딸아(아들아).”

이 하나님 아버지의 무건적인 사랑을 듣고 변하지 않을 사람은 없다. 더러운 바닥까지 드러난 나를 보고도 '사랑한다' 하시는 하나님의 소리를 들은 사람은 그분을 위해 내 인생을 바치겠다는 결심을 하게 된다. 그분에게 전념하겠다고 결심하는 것이다. 바로 수용전념치료가 일어난 것이다. 이것이 하나님이 엘리야를 치료한 방법이기도 하다.

인간의 흥망성쇠는 하나님 손안에 있다. 하나님께서 나를 가난한 집으로 시집가게 하신 것은 나를 통해 시댁을 일으키시려 함이 아니고, 내가 얼마나 죄인인지를 깨닫게 하려 하심이었다.

'나는 실패자다'라는 것이 우울한 사람들의 지배적인 생각이다. 이 생각이 이들을 더 고통스럽게 만드는 것이다. 그래서 우울한 사람들은 실패하지 않으려고 필사적으로 자신을 통제한다. 하지만 통제할수록 더 큰 고통에 직면하게 된다.

통제하고 회피하는 것으로는 '실패자'라는 지배적인 생각에서 벗어날 수 없다. 차라리 '나는 부족하다, 나는 실패자다'라는 사실을 받아들이는 것이 자유해지는 길이다. 하나님 앞에 섰을 때 그 누구도 죄인일 뿐이다. 하나님 앞에 나의 연약함을 인정하고 고백할 때, 하나님은 나를 세우시고 사랑하는 자녀라고 말씀하신다.

죄 많고 연약한 나임에도 불구하고 하나님께서 사랑을 거두시지 않는다는 것을 깨달을 때, 하나님을 향한 사랑이 샘솟게 된다. 이제는 하나님을 위해서 살아야겠다고 다짐하게 된다. 나의 연약함을 받아들이고 인정하면서 인생의 가치를 하나님 나라에 두고 살아가게 된다.

우리는 죄인의 자리에서 구속받은 자녀로 신분이 바뀌었다. 그런 우리가 서 있는 자리는 거기가 어디든 하나님이 부르신 자리다. 그 자리에서 사명자로서 살아가야 하는 것이다. 사명자로 살더라도 실패감을 느낄 수 있다. 하지만 하나님이 다시 세우시고 이루실 것이다. 이것을 믿을 때 우리는 실패했다고 좌절하지도 우울하지도 않는다. 오히려 실패의 자리에서 하나님이 부르신 사명을 더 또렷하게 알게 될 것이다.

진정한 기쁨이란?

성경의 행복이란 "Not happiness, But Joy"다. 즉 진정한 행복은 '다행감이 아니라 적극적 의미의 기쁨'이라는 뜻이다. 무슨 말인가?

현대인들은 행복 중독자들 같다. 조금만 힘들고 어려워도 참기 힘들어하며 편안함을 찾는다. 습관처럼 고통을 피하려고 든다. 부모들이 자녀가 공부 잘하기를 바라는 이유도 자녀가 좀 더 편안하게, 좀 더 힘들지 않게 살기를 바라서이다. 오늘날 부모들은 자녀가 제도권이 요구하는 바를 성실하게 이행하지 않으면 불행해질 거라는 집단 최면에 걸린 것 같다.

과연 행복은 무엇이고 불행은 무엇인가?

성경은 행복한 상태를 'happy'가 아니라 'joyful'이라고 한다. 기쁨으로 충만한 상태가 행복인 것이다. 즉 나의 삶이 하나님의 기쁨으로 충만한 상태가 행복인 것이다.

큰아들 인생의 키워드는 '기쁠 쾌(快)'였다. 고등학교를 자퇴하면서 이제부터 쾌를 따라 살 거라고 말했다. 그런데 최근 큰아이가 자신이 돈을 많이 벌고 편하게 살 것 같지는 않다고 말했다. 하지만 자신이 돈을 많이 벌지 못해도, 편안하게 살지 못해도 마음에 기쁨이 충만할 수 있다는 것을 깨달아 가고 있다고 했다. 큰아들에게 요즘 가장 큰 기쁨은 누군가 한 사람이 하나님을 만나 변화되는 것이란다.

진정한 기쁨은 내 힘으로 얻을 수 없다. 나의 연약함을 알고 하나님께 나아가면, 하나님께서 실패와 절망으로 가득한 마음에 기쁨을 부어 주신다. 연약한 나를 있는 그대로 사랑하신다고 말씀해 주신다. 하나님의 사랑 고백을 들은 사람은 그분의 가치를 따라 살아가게 된다. 그리고 그분의 가치를 함께 이루어 갈 때 비로소 기쁨을 느끼게 된다.

IVF 간사였던 김병년 목사님한테는 10여 년 전 뇌경색으로 식물인간이 된 아내가 있다.[9] 더구나 두 분의 슬하에는 삼남매가 있다. 목사님은 삼남매를 키우고 아내를 건사하고 개척교회를 목회하느라 손이 열 개라도 부족한 하루하루를 살고 있다.

목사님은 매일 밤 아내를 위해 기도하는데, 하루는 아내의 발아래 히터를 켜 둔 걸 깜빡 잊고 잠이 들었다가 아내의 발이 화상을 입어 발을 잘라야 했다. 이후 목사님은 구둣가게 앞을 지나가지 못한다고 했다. 자신의 잘못으로 발을 잘린 아내 생각을 하면 여자구두는 쳐다볼 수도 없다는 것이다.

놀라운 것은, 목사님은 식물인간이 된 아내와 지금도 섹스를 한다는 사실이다. 아무것도 느낄 수 없는 아내와 섹스하는 것은, 섹스의 희열을 느끼기 위해서가 아니라 섹스를 통해 '내가 너와 함께 있어'를 확인시켜 주기 위해서다. 그런데 이분이 더 놀라운 말을 한다.

"10여 년을 아내를 일으켜 달라고 기도했지만 하나님은 응답해 주시지 않았다. 그런데 돌아보니 내가 그동안 구한 것은 의사도 할 수 있는 일이었다. 그러나 의사로서는 도무지 할 수 없는 것이 있다. 그것은 오직 하나님만 하실 수 있는 일이다. 바로 구속과 죄 사함이다. 나는 지난 10여 년간 아내의 병 고침을 구했지만 하나님은 그보다 더 큰 구속과 죄 사함을 응답해 주셨다."

나는 생을 마감할 때, 하나님의 영광을 위해 사는 것이 힘들고 고통스러웠지만 그렇게 살다 갈 수 있어서 행복했다고 말할 수 있었으면 좋겠다. 우리 삶의 기준은 세상이 아니라 하나님이기를 바란다. 김병년 목사님은 이미 나의 소원을 이룬 분이다.

  진정한 기쁨이란, 하나님의 섭리로 이루어질 승리를 바라볼 때 주어지는 것 같다. 우리가 사는 이 땅은 하나님이 태초에 우리를 만드시고 기뻐하셨다는 바로 그곳이다. 우리를 지으시고 기뻐하시며 땅을 다스리고 충만하게 하라고 하신 이 땅에서 우리는 살아간다.

  자녀가 어떤 가치를 품고 살아가면 좋을까? 부모가 부모의 것을 내려놓고 하나님의 것을 품지 않으면, 자녀들 역시 부모의 것을 내려놓고 하나님의 것을 품기 어렵다.

01

당신의 진정한 기쁨은 어떤 고통 중에 찾아왔는가? 그 자리에 세운 하나님의 가치는 무엇인가?

02

자녀가 누리는 기쁨은 어떤 것이었으면 좋겠는가?

03

하나님께 인생을 걸어 보겠다고 결심하고 사명을 받은 경험을 나눠 보자.

하나님 아버지의 무조건적인 사랑을 받고 변하지 않을 사람은 없다.

chapter 7

게임과 스마트폰에서 벗어나는 길은?

중독의 원인

중독은 왜 일어나는가?

  요즘 부모들이 가장 걱정하는 것 중 하나가 자녀가 인터넷이나 게임에 중독되는 것이다. 나는 게임에 중독된 아이의 엄마였다. 큰아들이 초등학교 4학년 때부터 게임을 시작했다. 나중에 심각한 상태가 되어서야 그 원인을 살펴보니 부모한테 관심받지 못한 외로움이 원인이었다. 외로움을 게임에 의존해서 해결하려 했던 것이다.
  이처럼 중독은 무언가에 의존하는 상태를 말한다.
  DSM-5(정신장애편람, 5판)에는 '알코올 의존증', '물질 의존증'이라는 진단명이 있다. 즉, 알코올이나 게임 등에 의존 즉 기대고 있다는 의미다.
  게임에 중독된 자녀에게 부모는 흔히 "게임 그만해, 컴퓨터 꺼"와 같은 반응을 보인다. 그러나 이런 일방적인 경고와 억압은 아무런 변화를 이끌어내지 못한다. 오히려 자녀를 무너지게 만들 수 있다.

술에 중독된 사람에게 "알코올중독이지?"라고 물으면 절대 아니라고 하거나 마음만 먹으면 끊을 수 있다고 말한다. 하지만 그들은 스스로 술을 끊지 못한다는 것을 마음 깊숙이 느끼고 있다. 왜냐하면 술을 끊고는 자신이 삶을 유지하기 어렵다는 것을 무의식적으로 알기 때문이다.

내가 아는 어르신 한 분도 알코올중독자다. 가정의학과에서 초음파 검사를 했더니 간이 좋지 않다는 진단을 받았다고 했다. 대부분의 알코올중독자들은 신경정신과가 아닌 내과나 가정의학과를 찾아가서 술을 끊으라는 진단을 받는다. 그 분은 이제 조금씩 자신이 알코올중독자라는 것을 인정하지만, 스스로 조절할 수 있다고 말한다. 그러나 알코올중독이라는 것을 인정하면 즉시 술을 끊어야 한다. 그럼에도 알코올중독자들은 그동안 기대고 살던 술이 삶에서 사라진다고 생각하는 순간 인생이 무너지는 것 같은 절망을 느낀다. 그래서 술을 조절하겠다고 말하는 것이다.

아이들도 똑같다. 자신이 기대고 있는 것들을 강제로 제거하려 하면 삶의 기반이 흔들리는 것 같은 느낌을 받는다.

그렇다면 어떻게 해야 할까?

중독 대상을 대신할 수 있는 새로운 대안을 찾아야 한다. 아이가 건강하게 기댈 수 있는 것이 필요한 것이다. 대안도 없이 무작정 끊으라고 하는 것은 위험하다. 따라서 중독과 한 쌍처럼 같이 가야 하는 단어가 '대안'이다. 중독되어 있는 스마트폰, 인터넷 게임 등을 줄이고 그 자리를 대신할 대안을 찾아 적응할 수 있을 때 청소년 자녀들은 중독에서 자유로워진다. 이에 대해서는 다음에 자세히 다루도록 하자.

중독자들의 특징은 고통을 손쉽게 해결하려 든다는 것이다. 중독자들은 심리적으로 중독 대상이 자신을 기쁘게 해주고 고통을 잊게 해준다고 생각한다. 그래서 지금 당하는 고통이 어디서 왔는지를 알아보려 하지 않는다. 당장 고통을 없애는 데만 급급할 뿐이다.

그런 점에서 중독은 정신분석적으로 보면 '구강기 고착병'과 같다. 프로이트가 제시한 발달단계 중 첫 단계인 '구강기'는 출생 시부터 약 한 살까지의 시기로 입, 입술, 혀, 잇몸과 같은 구강 주위의 자극으로 쾌감을 느끼는 시기를 말한다. 따라서 빨고, 씹고, 깨무는 행동이 쾌감을 가져다주는 주요 원천이 된다. 갓난아기들은 빨고, 씹고, 깨무는 행동을 통해 쾌감을 느낀다. 왜 그럴까?

태아는 엄마 자궁에 있는 동안 엄마로부터 영양분과 산소를 공급

받는다. 나는 그 자궁 안이 하나님과 우리가 연결되어 있던 에덴동산과 같다고 생각한다. 하나님이 필요한 모든 것을 공급하시고 우리는 그것을 누리면 되었다. 그런 에덴동산에서 쫓겨난 인간은 근본적으로 불안할 수밖에 없다. 가장 큰 불안은 태아가 엄마 자궁에서 나오며 느끼는 불안일 것이다. 자궁 밖으로 나온 아기는 탯줄이 잘리며 스스로 숨을 쉬게 된다. 그로 인한 불안과 고통을 아기는 엄마 젖을 빨고 손가락을 빠는 등의 행위에서 오는 즐거움으로 자신의 고통을 피하거나 대체하려 한다.

이렇게 자라난 아이들은 나이가 들어서도 자신의 고통을 견디기 힘들어서 아기처럼 본능적으로 자신을 즐겁게 하는 어떤 대상에 기대고 의존하게 된다. 술만 마시면 문제가 알아서 해결될 거라 생각하고, 게임만 하면 이 꿀꿀한 기분이 나아질 거라고 생각한다. 이런 자기 신념이 지속되면 중독이 된다.

따라서 자녀들을 중독으로부터 보호하기 위해서는 적절한 좌절의 고통을 경험하고, 이를 생산적인 방식으로 극복할 수 있는 연습을 하도록 도와주어야 한다.

나의 열망이 좌절될 때 고통스럽다

중독을 이해하려면 먼저 나의 열망은 무엇인지, 또 자녀들의 열망은 무엇인지를 이해해야 한다. 이것은 5장에서 살펴본 '부모의 요구'와 연결된다.

몇 년 전에 방영한 <추노>라는 드라마가 있다. 500년 전 조선시대 노예들의 이야기다. 나는 마지막 엔딩 장면이 가장 인상 깊었다. 주인공 남자가 여자를 위해 목숨을 바쳐 싸우지만 여자는 결국 죽음을 맞는다. 남자는 여자를 붙들고 울면서 멀리 햇빛이 반짝이는 곳을 향해 활을 쏜다.

주인공 남자가 햇빛을 향해 화살을 쏘는 것을 보면서 나는 과연 무엇을 향해 활시위를 당기고 있는가라는 질문을 하게 되었다. 내가 활시위를 당기며 바라보는 곳에 나의 열망이 담겨 있다. 주인공 남자가 그토록 지키고 싶었던 것이 사랑하는 연인이었다면 난 과연 무엇을 목숨 걸고 지키고 싶은 걸까를 자문한 것이다.

드라마가 종영된 뒤 <추노>의 연출자가 어느 다큐 프로그램에 나와서 촬영 뒷이야기를 하는 것을 보았다. 500년 전 노예들의 삶에 시청자들은 왜 열광했을까? 연출자는 말했다.

"돈에 매여 살든 감정에 매여 살든 관계에 매여 살든 지금 어딘가에 매여 사는 우리도 마찬가지로 노예니까요."

우리는 500년 전의 노예들과 다름없이 무언가에 매여 산다. 무언가에 매여 산다는 것은 곧 중독과 연결된다. 중독자들은 내 고통을 쉽게 해결하기 위해 어떤 대상을 선택하지만, 어느 순간부터 그 대상이 자신을 지배하게 된다. 일이 나를 지배하고 섹스가 나를 지배하고 게임이 나를 지배한다.

신학자 존 힉스(John R. Hicks)는 "고통은 자신의 열망과 정반대에 와 있는 상태"라고 말했다. 우리가 바라는 열망과 정반대에 와 있다면 얼마나 고통스럽겠는가.

고통의 원인은 모두가 다르다. 열망이 상대적이듯 고통도 상대적이다. 내게는 고통이 아닌데 누군가에게는 고통일 수 있다. 예를 들어, 나는 화장실이 2개 있는 30평대에서 살고 싶다. 하지만 어떤 사람은 60평대에 사는 게 소원이다. 60평대에 살고 싶은 사람이 30평대에 살고 있다면, 30평 아파트는 고통스런 현실이다. 자녀가 100점 받아 오길 바라는 사람에게 80점은 불행이다. 그러나 50점 받던 성적을 80점으로 올린 자녀를 둔 부모에겐 80점은 너무나 고맙고 행복한 점수다.

아이들은 무엇을 열망할까

그럼 일반적으로 우리 자녀들의 열망은 무엇일까? 첫째는 일에서 가치를 느끼고 싶은 열망, 둘째는 부모와 친구들과의 관계에서 안전감과 친밀감을 느끼고 싶은 열망, 셋째는 취미나 놀이를 통해 즐거움을 느끼고 싶은 열망이다.

심리학자들이 사람은 어떤 상태에서 행복감을 느끼는가에 대한 연구를 했다. 프로이트는 일과 사랑에서 행복감을 느끼면 잘 사는 사람이라고 했다. 아들러(Alfred Adler)는 인간이 행복을 느끼며 사는 영역에 일과 사랑 이외에 커뮤니티 즉, 공동체를 추가했다. 나는 약물 중독 청소년을 위한 프로그램을 개발하면서 커뮤니티를 빼고 놀이를 넣었다.[10]

약물 중독에 걸린 청소년들은 인생이 무료하다고 호소한다. 심심해서 약을 했다는 것이다. 다시 말해 심심하게 살지 않으려고 약에 기댄 것이다. 그렇다면 그에 대한 대안으로 막연한 공동체보다는 놀이가 더 적합할 것 같았다. 이처럼 일과 사랑, 놀이의 영역에서 괜찮다고 느끼면 우리는 행복감을 느낀다.

당신은 어떤가? 자녀는 어떤가? 부모는 아이들이 무엇을 기대하는지 이해해야 한다. 일에 기대 있는 사람은 자신이 가치 있고 중요한 사람이라는 것을 알아주길 원한다. 사랑에 기댄 사람은 자신과 같이 있어 주길 원한다.

만일 아이가 일 혹은 성적에 기대 있다면, '나는 가치 있는 사람이다'를 확인받고 싶은 열망이 큰 것이다. 이런 아이에겐 "넌 중요한 사람이야"를 말해 주어야 한다. 또 만일 아이가 친밀감에 대한 열망이 크다면, "너와 함께 있으면 좋아"라고 말해 주어야 한다. 이런 아이들은 '나와 함께 있어 달라, 나를 외롭게 하지 말아 달라'가 요구 사항이다.

래리 크랩(Larry Crabb)은 인간에게는 두 가지 욕구가 있다고 말했다.

첫째는, 스스로 가치 있는 인간이고 싶어 하는 욕구다. 누군가가 나를 소중히 여기고 가치 있다고 하면 행복하다.

둘째는, 안정감과 친밀감에 대한 욕구다. 누군가와 친하게 지내고 싶고, 어딘가에 소속되어 안정감을 느끼고 싶어 하는 것이다.

인간은 끊임없이 두 가지 욕구를 자신만의 방식으로 자신의 노력으로 계속 만족시키려고 노력한다. 게임에 중독된 아이는 가상세계에서 인정받는 것으로 자신의 가치를 증명하려 한다. 도박과 주식, 운동에 중독된 사람도 자신의 가치를 인정받고 싶어서 그런 것에 기대는 것이다.

야동을 보는 초등학교, 중학교 아이들이 있다. 이 아이들에게 어떻게 이야기하는 것이 좋을까? 혼내고 다그쳐야 할까?

프로이트는 12~18세의 '성기기'에 접어들면 성호르몬 분비와 함께 성숙한 성인의 성욕이 발휘되기 시작한다고 보았다. 이전에 경험하지 못한 성적인 쾌감을 성기를 통해 느끼는 것이다. 자연스럽게 성적인 호기심도 매우 높아진다. 문제는 중독이다. 성에 중독된 사람들은 근본적으로 외로움이 많다. 가족이나 친구들로부터 소외되어 외로움을 느끼는 사람들이 소위 말하는 야동을 보면서 외로움을 해소하려 한다. 즉, 성 중독은 친밀감 결핍의 다른 이름이다.

나는 어떤 자매와 성 중독에 관한 상담을 했다. 그녀는 이성과 처음 만난 날 모텔에 가서 성관계를 맺는다고 했다. 자매의 어머니는 식당일을 하면서 홀로 9남매를 키웠고, 당연히 엄마의 알뜰한 보살핌을 기대할 수 없었다. 사랑받지 못하고 관심받지 못한다는 외로움이 자매로 하여금 성 중독에 빠지게 했고, 이것에 대한 죄책감은 자살 충동으로 이어졌다.

상담은 19회 만에 종결됐지만 상태가 호전되지는 못했다. 얼마 전에 그 자매에게서 연락이 왔다. 여전히 자살 충동을 느낀다고 했다. 그러면서 엄마가 자기를 꼭 껴안아 주면 좋겠다고 했다. 그저 엄마의 따뜻한 포옹만으로도 그녀의 외로움은 해소될 수 있는 것이었다.

자녀가 채팅과 포르노에 중독되었다면, 부모는 먼저 자신을 돌아봐야 한다. 부모가 자녀를 외롭게 했기 때문에, 그 외로움을 야동과 게임으로 채우고 있는 게 아닌가 돌아봐야 하는 것이다. 왜 이런 걸 보고 있냐고 혼낼 게 아니라 "내가 너를 외롭게 했구나, 미안하다.

우리 함께할 수 있는 것을 찾아보자"라고 말해야 한다.

쇼핑 중독자들은 물건이 좋아서 사는 것이 아니다. 어려서 부모가 물건이나 돈으로 애정을 표현한 가정에서 자란 아이들은 쇼핑 중독에 걸릴 확률이 높다. 아이들은 물건이나 돈이 아니라 사랑이 필요하다. 사랑을 충분히 받고 자란 사람은 물건이나 돈에 대한 집착이 강하지 않다.

지금 미국에 사는 내 어머니는 나에게 늘 브래지어와 팬티를 사다 주는 것으로 당신의 애정을 표현한다. 처음엔 미국산 브래지어와 팬티가 좋다고 여겨서 일부러 사서 보내는 줄 알았다. 하지만 건강검진을 위해 한국에 나와 2박 3일간 병원에 있을 때도 병원에서 파는 속옷을 사서 내게 주었다.

어머니는 왜 이렇게 내게 속옷을 자주 사 주셨을까? 어머니는 2차 성징이 시작되는 사춘기에 속옷을 챙겨 줄 부모가 없었다. 전쟁고아였기 때문이다. 그러므로 어머니에게 속옷은 살갑게 자신을 챙겨 주는 부모님의 다른 이름이었을 것이다. 나는 이 사실을 알고 난 뒤 어머니한테 속옷을 선물받을 때마다 어머니에게 사랑해 줘서 고맙다고 말해 준다.

정말 중독인가?

과연 나는 중독인가? 우리 아이는 중독되어 있는가? 중독인지 아닌지를 판단할 수 있는 기준에는 세 가지가 있다.

첫째, '중독으로 인해 건강에 이상이 왔는가?'이다. PC방에서 끼니도 제대로 챙겨 먹지 않고 게임만 하다가 사망한 청소년 이야기가 신문에 보도된 적이 있다. 알코올중독자들은 술로 인해 간에 이상이 생긴다. 일 중독자들은 과로로 죽는 경우가 간혹 있다. 나도 일 중독에서 회복 중에 있다. 간혹 어지럼증을 느끼기도 한다. 건강에 이상이 생겼다는 것을 알면서도 계속해서 관리하지 않아 건강에 이상이 온다면 일 중독자라 할 수 있다.

둘째, '인간관계에 이상이 왔는가?'이다. 알코올중독자들의 아내 가운데는 남편이 술만 안 마시면 천사라고 말하는 이들이 있다. 술만 마시면 돌변해서 사람을 괴롭히거나 폭행을 일삼는다는 것이다. 이쯤 되면 가족관계는 어그러지고 알코올중독으로 인해 크게 상처를 받게 된다. 부모와 자녀 간에 아무 문제가 없었으나 자녀가 게임에 중독되면서 자주 실랑이를 벌인다면 중독으로 인해 관계에 이상이 온 것이다.

셋째, '기능에 이상이 왔는가?'이다. 중독으로 인해 일상생활에 어려움을 겪는 것이다. 알코올중독자들은 회사에서 일을 할 수가 없다. 아침부터 저녁까지 술을 먹고 심한 경우, 아침에 해장술까지 먹고 회사에 결근이나 지각을 하기도 한다. 게임과 음란물에 중독된 청소년들은 자신이 현재 집중해야 할 기능인 공부를 할 수가 없어 성적이 크게 떨어진다.

이런 증상이 나타난다면 중독을 의심해 볼 필요가 있다.

중독, 어떻게 벗어날까?

자녀가 어떤 것에 중독되었다면 어떻게 도와줘야 할까?

첫째, 중독될 수밖에 없는 상황을 인정하고 공감해 주어야 한다. 공감하는 말로 대화를 시작해야 한다. 어떻게 그럴 수 있느냐는 식의 비난과 다그침보다는 '네가 관심받고 싶었구나, 정말 외로웠구나, 정말 심심했구나'라고 반응해 주고 존중해 주어야 한다.

상담사마다 중독에 접근하는 방식이 다양하다. 이 가운데 최근 각광을 받는 이론이 '동기강화상담'이다. 변화의 동기를 강화하여 중독을 끊게 하려는 것이다. 예를 들면, 게임 중독이 된 청소년에게 "하루에 한 20시간 게임을 하니?"라고 묻는다. 그러면 아이는 펄쩍 뛰면서 "아니요, 12시간밖에 안 하는데요"라고 말한다. 이때 아이는 12시간이나 게임을 하는 자신의 상태를 객관적으로 보게 된다.

그러면서 '이제 게임 시간을 줄여야겠구나'라는 변화의 동기를 갖게 된다. 이를 '동기강화상담'이라고 한다.

하지만 나는 '동기강화상담'을 별로 좋아하지 않는다. 경우에 따라 상담자가 내담자에게 진실하지 않은 모습을 보일 때가 있기 때문이다. 나는 시간이 걸리더라도 수용하고 공감하는 방식으로 내담자의 마음을 열고 스스로 중독을 인정해서 치료에 대한 의지를 가지게 한다. 아직까지는 이 방식이 더 좋다.

둘째, 자가 체크리스트를 통해 중독의 정도가 얼마나 진행되었는지를 스스로 객관적으로 확인하도록 해야 한다.

나는 약물 중독 치료 프로그램 개발 차 8년간 소년원에서 심리상담을 했다. 이때 유해물질 관리 위반으로 소년원에 들어온 15명의 아이들에게 자가 체크리스트로 중독 정도를 평가하도록 했는데 의외의 결과를 얻었다. 아이들이 약물에 대해 심각한 중독 상태일 거라고 생각했는데, 검사 결과 심한 중독자들이 별로 없었던 것이다. 왜 그럴까? 아이들이 체크리스트를 작성할 때 실제 상황보다 덜 심각한 결과가 나오도록 결과를 속이기 때문이다. 중독자들은 겉으로는 이렇듯 심하지 않은 것처럼 행동한다. 하지만 체크리스트 결과를 속일 수 있을지 몰라도 자기 자신을 속일 수는 없다. 아이들은 체크리스트를 작성하면서 스스로 중독의 정도를 객관적으로 이해하게 되고, 그럼으로써 치료 프로그램에 적극 참여하게 된다.

셋째, 대안을 제시해야 한다. 상담자가 중독의 문제를 해결할 수 있는 대안이 필요하다.

시각장애 부모를 둔 남자아이는 본드에 중독되어 있었다. 나는 이 아이를 상담실에서 처음 만났을 때 그동안 한 번도 대해 본 적 없는 유형이라서 당황스러웠다. 상담을 하려면 대화를 해야 하는데, 아이는 말투와 행동에서 상담받는 것 자체를 몹시 불쾌하게 여겼고 아예 말을 하지 않았다. 상담실 밖에 놓인 탁구대에만 관심을 보일 뿐이었다. 그래서 나는 아이와 함께 3주 동안 탁구만 쳤다. 그러던 어느 날, 아이가 먼저 상담은 언제 하느냐고 내게 물었고, 그날부터 우리는 본격적인 상담을 시작했다.

아이는 선천적 시각장애인 어머니와 후천적 시각장애인 아버지, 나이 차이가 많은 여동생과 함께 살았다. 이 아이의 평생 소원은 엄마가 싸 준 도시락을 들고 학교에 가는 것이었다. 하지만 시각장애자인 어머니는 도시락을 싸 줄 수 없었고 도리어 자신이 여동생의 도시락을 싸 줘야 했다. 어느 날 아버지가 먼저 서울로 올라가서 자리를 잡으면 엄마를 모시고 와서 살자고 해서 아버지와 서울로 상경했다. 그렇게 2년이 지난 어느 날, 아버지의 서랍에서 우연히 이혼 서류를 발견했다. 아이는 그때부터 아버지가 하라는 것과 정반대로 행동하기 시작했다. 아버지에 대한 실망과 배신감이 너무 컸던 탓이다. 한번 비뚤어지기 시작한 반항은 학교에서 알게 된 친구들과 본

드를 부는 것으로 악화되었고 급기야 집단성교를 통해 어머니에게서 받지 못한 사랑을 채우고자 했다.

나는 이 아이에게 어떤 대안을 제시할 것인가, 몹시 고민이 되었다. 아이는 이제 집단성교도 본드도 멈추고 싶다고 했다. 나는 그 아이의 엄마가 되어 줄 수는 없지만, 함께 대화도 나누고 다치면 약도 발라 주고 병원에도 같이 가 주면서 엄마의 빈자리를 조금씩 채워 주었다. 아이는 상담에 빠지지 않고 잘 참여했고, 나와 관계를 형성한 뒤로는 집단성교와 약물 중독에서 벗어날 수 있었다. 그 아이에게 필요한 대안은 사람과 사람 간의 관계였고 사랑이었던 것이다.

자녀를 중독에서 벗어나게 해주고 싶은가? 그렇다면 부모가 아이를 중독에 빠지게 하는 대상보다 더 큰 존재가 되어야 한다. 함께 대안을 찾아가고, 함께 지난한 과정을 견디는 인내가 필요하다.

마지막으로 대안을 획득하고 나면 깊은 절망의 문제, 상실의 문제, 정체성의 문제를 다루게 된다.

큰아들은 고1 때 자퇴를 했다. 그즈음에는 탈선이나 반항도 끝내고 착실히 공부하려고 애쓰던 때였다. 그런데 어느 날 담임 선생님이 전화해서 아이가 공교육에는 맞지 않은 것 같으니 자퇴를 하는 게 어떻겠냐고 권유했다. 아이가 원했거나 사고를 쳐서 자퇴할 수밖에 없었던 것이 아니라 선생님이 아이의 미래를 위해 자퇴하는 게 좋겠다고 권한 것이다. 지금도 나와 큰아들은 이 선생님의 사랑과 배려를 잊을 수가 없다. 선생님이 이렇게 말한 데는 이유가 있었다.

어느 날 야간 자율학습을 하고 있는데 큰아이가 친구들과 함께 밖에 나가서 토론식 수업을 하고 싶다고 했단다. 선생님은 두어 차례 아이의 요구를 들어줬고, 그때마다 지금까지 본 적 없는 밝고 화사한 얼굴로 교실에 들어오는 큰아이의 얼굴을 볼 수 있었다. 이때 선생님은 늘 우울하고 침울한 큰아이에게서 저토록 밝은 모습이 있다는 사실에 충격을 받았다고 했다. 함께 나간 친구들도 너무 재밌었다고 흡족해했다. 그 모습이 너무 예쁘고 보기 좋아서 할 수만 있다면 매일 바깥에 나가서 공부하고 오라고 하고 싶지만 그렇게 되면 형평성에 어긋나게 되고 다른 아이들의 원성이 높아질 것이었다. 선생님은 깊은 고민 끝에 큰아이의 미래를 위해서는 공교육이 바람직하지 않다는 결론을 내린 것이다.

큰아들은 자퇴 후 1년 반 동안 매일 아침 6시에 일어나 무료급식 센터에 나가 봉사한 뒤 검정고시를 준비했다. 그리고 이 기간 동안 나와 큰아이는 관계 회복의 시간을 가졌다.

나는 먼저 아들과 관계 회복을 위해 간식을 만들어 주고 끼니를 잘 챙겼다. 그러자 아들은 퇴행 현상을 보이기 시작했다. 어릴 때 하지 않던 어리광도 부리고, 맛있는 반찬을 만들어 줘서 고맙다는 말과 함께 그림을 그려 넣은 쪽지도 건넸다.

그런 시간이 지나자 아들은 마음 가장 밑바닥에 있던 화를 꺼내기 시작했다. 어릴 적 서운했던 감정들을 쏟아 내기 시작한 것이다. 하루는 "엄마, 내가 말을 할 줄 알게 되었을 때 엄마에게 가장 처음 한 말 기억하세요? '엄마, 내 엄마 맞아?'였어요. 엄마, 내가 버스 타고 유치원에 처음 가는 날, 왜 그렇게 울면서 안 가겠다고 했는지 알아요? 엄마가 나를 버리는 것 같아 겁나서 그랬어요!"라고 울면서 말했다. 아들의 절망과 슬픔을 마주하니 정말 마음이 아팠다. 나는 아들에게 진심으로 미안하다고 용서를 구했다. 그러자 아들은 엄마나 나나 똑같은 죄인이기 때문에 그럴 수밖에 없었을 거라며 나를 이해한다고 말해 주었다. 그리고 이제는 괜찮다고 했다. 왜냐하면 언젠가 기도하는데 하나님께서 "애야, 네가 엄마 없이 외롭고 힘들 때 내가 네 옆에 늘 같이 있었는데 너는 왜 그걸 몰랐니?"라고 가슴에 말씀을 해주시더란다.

우리 아이의 사춘기는 어째서 이렇게 끝나지 않는가 하는가? 부모가 잘못했다고 말하지 않았기 때문이다. '나는 너와 다르게 잘 살았다, 실패하지 않았다, 죄인이 아니다'라고 말로 몸으로 아이에게 웅변했기 때문이다. 부모가 '내가 죄인이다, 잘못 살았다, 잘못했다'고 말하면 아이는 그때부터 부모를 이해하기 시작한다. 아기처럼 반항하고 떼쓰던 아이들이 부모의 진솔한 모습을 보는 순간 자기 나이에 적합한 생각을 하기 시작한 것이다.

01

공부, 인간관계, 취미나 놀이 중 자녀가 기대어 행복감을 느끼고자 하는 것은 무엇일까?

02

당신은 어떤가?

03

나의 열망과 정반대에 있는 상태를 고통이라고 했다. 당신의 고통은 무엇이고, 자녀의 고통은 무엇인가?

04

나는 무엇에 좌절되어 중독 대상을 선택했고, 자녀는 나와의 관계에서 무엇에 좌절되어 또 다른 중독 대상을 선택했을까?

아이의 사춘기가 끝나지 않는 이유는
부모가 잘못했다고 말하지 않았기 때문이다.

chapter 8

절제의 열매를 함께 맺으려면?

중독의 성경적 해법

내 인생의 주인은 과연 나일까?

중독의 반대말은 절제다. 한국교회에 커다란 족적을 남긴 박윤선 박사는 그의 주석에서 "절제란 자신을 붙잡는 것, 즉 나를 쳐서 복종시키는 것"이라고 했다. 그렇다면 어디에 나를 복종시켜야 할까?

믿음은 내가 하나님께 온전히 기대는 행위다. 중독이 심했던 사람들은 하나님을 잘 믿을 수 있다. 왜냐하면 둘 다 의존하는 것이기 때문이다. 의존이란 관점에서 보면 중독과 믿음은 그 기제가 비슷하다.

나는 1996년과 1997년에 정부 상담센터에서 약물 중독 프로그램을 만들었다. 1995년에 이미 비슷한 프로그램인 '내 인생 주인 되기'가 있었다. 생각하기에 따라 '내 인생 주인 되기'는 틀린 말이 아니다. 왜냐하면 중독 대상의 종에서 벗어나, 이제는 내가 주인 되어 인생을 살자는 취지이니 말이다. 하지만 게임에 중독된 아이에게 게임에서 벗어나 인생의 주인이 되기 위해 공부하라고 하면, 설사 아이가 게임 중독에서 벗어난다 하더라도 이제는 공부에 중독되어 살아가지 않을까? 이처럼 중독의 대안으로 내놓은 것이 또 다른 중독이 되는 것을 '교차중독'이라고 한다. 약물이나 게임을 끊은 아이가 스스로 인생의 주인이 되기 위해 공부에 중독되거나 일에 중독되는 것이다.

나를 의지하는 삶을 사는 한, 우리는 중독의 대상이 바뀔 뿐 거기에서 헤어 나올 수 없다.

온전한 의존

우리는 내 인생의 주인은 하나님이라는 것을 안다. 성경에 보면 남의 눈을 피해 한낮에 물을 길러 나온 사마리아 여인에게 예수님이 내가 바로 영원히 목마르지 않는 생수라고 말씀하시는 장면이 나온다. 사마리아 여인은 유대의 전통도 잘 알고 있었고 언약의 말씀 또한 알고 있었다. 하지만 남편이 다섯 번이나 바뀌는 비통한 인생을 살아야 했고 그 때문에 늘 삶에 갈증을 느껴야 했다. 그런 여인이 예수님을 만나자 예수님의 말씀대로 영원히 목마르지 않는 생수를 얻을 수 있었다. 예수님만이 우리 인생의 문제를 해결할 수 있다.

당신도 공허한가? 당신은 마음의 빈자리를 느낄 때마다 무엇으로 채웠는가? 우리가 믿음으로 "하나님, 당신이 나의 주인이심을 믿습니다"라고 반응할 때 사마리아 여인처럼 채움 받고 중독에서 벗어날 수 있다. 그것이 하나밖에 없는 독생자를 우리에게 주시면서까지 우리를 사랑하신 하나님께 우리가 보여야 할 반응이다.

사마리아 여인은 예수님을 만난 뒤 동네에 가서 사람들에게 예수님을 알렸다. 예수님이 자신에게 어떤 일을 했는지, 내 안의 근본적인 문제들이 어떻게 해결되었는지, 사람들에게 입을 크게 벌려 알렸다.

큰아들에게도 이런 일이 일어났다. 어느 날 큰아들이 아이들과 PC방을 다니며 사고를 칠 때도 느껴 보지 못한 깊은 우울을 느낀다고 했다. 국내 198개 대학의 서열을 매긴 신문기사가 있는데 아들이 다니는 학교가 꼴등이라는 것이다. 그런데 자기는 그런 꼴등 학교에 다니면서 수석도 하지 못한다고 하면서 몹시 우울해했다.

다음 날이면 아들과 내가 태국 선교를 떠나야 했다. 우리 일행 중에 아들이 유일한 남자여서 힘쓸 일이 많을 텐데 이렇게 우울하니 어쩌나 걱정이 되었다.

그런데 선교지에서 만난 많은 교수들이 아들이 나온 대학 출신이라고 자기를 소개하는 것을 듣고 아들의 얼굴이 밝아지기 시작하더니 돌아와서는 이렇게 말했다.

"엄마, 신문은 세상적인 기준으로만 점수를 매겨서 서열을 정했더라구요. 가장 중요한 선교지에 나간 훌륭한 사람들은 포함시키지 않았더라구요."

큰아들은 만일 자신이 공부를 잘해서 하버드대학에 갔다면 자기 잘난 맛에 취해서 사람들을 깔보는 교만 덩어리가 되었을 거라고도 했다. 이때 아이는 하나님의 가치에 대해 눈을 뜬 것 같다. 이후 큰아들은 '내가 죄인이니까, 내가 이것밖에 안 되니까 공부하겠다'더니 얼마 전 학교에서 성적 장학금을 받았다.

최근 네팔에 지진이 나서 많은 사람들이 죽고 다치는 상황이 벌어지자, 자신의 장학금을 네팔에 선교헌금으로 내겠다 했다. 실제로 네팔에 선교여행을 다녀오기도 했다. 큰아들은 자신이 장학금을 받게 된 것이 하나님이 자기 인생의 주인임을 깨닫고 하나님을 의지하며 살게 된 결과임을 잘 알고 있었던 것이다.

중독을 제어할 수 있는 성령의 열매, 절제는 누가 맺을 수 있을까? 인생의 공허함을 하나님으로 채운 사람만이 이 열매를 맺을 수 있다. 우리의 공허함을 하나님이 채우실 때, 우리 삶의 목표와 방향은 비로소 하나님의 나라를 향할 수 있다.

01

당신은 공허함을 느낄 때 무엇으로 채우는가? 자녀의 경우는 어떤가?

02

하나님은 당신의 공허함을 어떻게 채워 주셨는가?

인생의 공허함을 하나님으로 채운 사람만이 절제의 열매를 맺을 수 있다.

chapter 9

무엇이 갖추어지면 아이가 공부할까?

학습의 이론과 실제

공부하는 동기는 무엇일까?

당신은 학창 시절에 공부를 잘했는가? 잘했다면 왜 잘했는가? 공부를 열심히 한 이유는 무엇인가? 공부를 못했다면 왜 그랬을까?

나는 앞에서도 말했지만 학창 시절에 공부를 잘했다. 그리고 그 이유는 어머니의 기대감을 충족시키기 위해서라고 했다. 반면에 내 여동생은 중학교 때까지는 나만큼이나 공부를 잘했는데 고등학생이 되어서는 복싱을 한다, 드럼을 배운다 하면서 공부를 등한시했다. 나는 사실 얼굴도 예쁜 여동생이 공부도 잘하는 것이 배가 아팠다. 부모의 사랑을 여동생이 다 빼앗아 갈까 봐 두려웠기 때문이다.

돌아보니, 여동생이 고등학생이 되어서 공부하지 않은 것도 부모의 사랑을 잃고 싶지 않기 때문이었다. 나는 토씨 하나 틀리지 않고 교과서를 달달 외워 좋은 성적을 내는 반면, 여동생은 침대에 드러누워 교과서를 한번 쓱 보고도 좋은 성적을 내는 아이였다. 하지만 고등학교에서는 이런 공부 방법이 통하지 않았다. 당연히 성적이 미끄러지기 시작했고, 그러자 여동생은 복싱을 배우고 드럼을 배우고 연애를 하면서 공부를 회피했다.

이처럼 우리는 학창 시절에 공부하라는 부모의 요구에 나처럼 과대 기능을 하려고 애를 쓰거나, 그것이 좌절될 때 과소 기능을 하거나 한다. 이것은 우리 아이들도 다르지 않다.

남편은 기계공학을 전공한 박사다. 당연히 수학을 아주 잘한다. 나 역시 수학을 잘했다. 그런데 우리 아이들은 수학을 정말 못한다. 왜 그럴까? 아마도 아무리 수학을 잘해도 아빠를 뛰어넘을 수 없다는 걸 본능적으로 알았기 때문이 아닐까 싶다. 우리 아이들은 전형적인 과소 기능을 선택한 경우다.

얼마 전 축구선수 차두리가 축구를 은퇴하면서 아버지 차범근과 부둥켜안고 우는 장면이 TV에 잡힌 적이 있다. 그때 차두리는 자신의 눈물에는 아버지 차범근의 축구를 뛰어넘지 못한 데 대한 아쉬움도 포함되어 있다고 말했다.

이렇듯 아이들에게 부모는 뛰어넘어야 할 산이거나 굳이 회피하고 싶은 대상이다.

나는 여기서 아이들의 성적을 올리는 방법에 대해 이야기하려는 것이 아니다. 그것은 나의 전공 분야가 아니기도 하다. 사춘기의 방황과 고통을 간신히 넘은 아이들은 어느 순간 성장하고 싶어 한다.

뭘 해도 마음이 어둡고 낙이 없었던 과거의 상처를 딛고 성장한 아이들은 새롭게 태어난 마음으로 미래를 그려 보게 된다. 부모는 자녀들이 아무 생각 없이 사는 것처럼 보이겠지만, 아이들은 진로에 대한 고민을 부모들보다 심각하게 한다. 한 치 앞도 볼 수 없는 막막한 미래를 향해 갈 때, 가장 힘든 사람은 부모가 아니라 자녀들인 것이다.

이때 우리는 부모로서 아이들에게 어떤 도움을 줄 수 있을까? 더구나 우리는 하나님의 가치를 따라 살아가는 크리스천이다. 크리스천 부모로서 아이들에게 학습과 공부에 대해 어떻게 지도하고 다룰 것인가를 나누고자 한다.

누가 공부를 못할까?

아이들이 공부를 못하는 이유는 크게 세 가지다.[12]

첫째, 인지적인 문제가 있는 경우다. 정신지체와 같이 능력이 부족한 경우다. 정신지체는 지능검사를 통해 진단할 수 있는데, 지능의 높고 낮음은, 생물학적인 나이의 아이들이 경험하는 정신적인 경험을 아이가 하고 있는지를 판단하는 것이다. 지능의 표준 편차는 10이다. 아이큐 90부터 110이 정상 지능 범위다. 경계선 지능은

70에서 80으로 정신지체와 정상아의 경계를 말한다. 70 이하로 떨어지면 정신지체로 진단할 수 있다.

한편, 학습장애를 겪는 아이들이 있다. 학습장애는 크게 읽기 장애, 쓰기 장애, 셈하기 장애로 구분된다. 읽기 장애는 예를 들어 ㄷ(디귿)과 ㅈ(지읒)이 헷갈려서 읽지 못하는 경우다. 공부할 때 독해를 못하는 것은 치명적이다. 쓰기 장애인 아이는 계속 맞춤법이 틀린다. 어떤 아이는 다른 것은 잘되는데 계산이 잘 안 된다. 기본적인 셈하기에 장애가 있는 아이는 다른 과목은 점수가 잘 나와도 수학은 점수가 안 나올 수밖에 없다. 이것은 특별 지도를 하면 고칠 수 있다.

문제는 아이에게 이 같은 장애가 있다는 사실을 부모가 모르는 경우다. 그러면 고학년이 될수록 학습 부진이 되어 또래의 학습 수준을 따라잡기 어려워질 수 있다.

또 다른 인지적 문제는 공부하는 전략을 모르는 경우다. 공부는 하고 싶은데 어떻게 공부해야 할지 모르는 아이에게는 전략을 가르쳐 줘야 한다. 이 전략에는 시험 보는 전략과 시험을 준비하는 전략, 시험 불안을 관리하는 전략, 스트레스를 관리하는 전략들이 포함된다.

나의 작은아이야말로 공부 전략이 필요한 아이다. 얼마 전 하루 종일 공부했다면서 그 내용을 보여 주는데 책상에 오래 앉아 있었을 뿐 효과적으로 공부하지 못했다는 것이 한눈에 보였다. 그래서 공부 전략을 알려 줬다. 그런데 왜 진작에 그것을 아이에게 가르치지 않았을까? 아이가 공부에 흥미가 없었기 때문이다. 공부하고자 하는 의지가 없는 아이에게는 전략이 필요하지 않다. 이제 내가 알고 있는 전략을 알려 줄 때가 온 것이다.

둘째, 마음에 문제가 있는 경우다.

공부하고자 하는 동기가 부족하거나 없는 상태라면 공부를 잘할 수 없다. 공부를 안 하는 아이들은 공부할 마음이 없기 때문이다. 공부를 해야 할 이유도 마음도 잃어버린 것이다. 나름대로 공부하는데 성적이 올라가지 않으면 포기하는 경우도 있다. 또 부모의 기대가 너무 높아서 해도 안 될 것 같을 때 포기하기도 한다.

한편, 심리 상태가 불안하고 우울하면 공부에 집중하기 어렵다. 공부할 때는 오랜 시간 의자에 앉아서 집중해야 하기 때문에 많은 에너지가 필요하다. 하지만 우울한 아이들은 이럴 만한 힘이 없다. 우울한 상태에서는 집중력도 떨어진다. 또 무언가에 중독된 아이들은 공부가 관심사일 수 없다. 자신이 가진 고통을 달래는 일에 모든 것을 쏟기 때문에 공부에 마음을 쏟을 여력이 없는 것이다. 조현증인 아이들은 이미 자기 세계에 빠져서 정상적인 사고를 하지 못하기 때문에 학업에 어려움을 겪을 수밖에 없다.

셋째, 관계적으로 문제가 있는 경우다. 부모는 아이의 상태를 고려하기보다 먼저 공부하라고 몰아세우기 쉽다. 그러나 부모는 가장 먼저 아이의 마음을 들여다보고 알아주어야 한다. 그래야 아이와 원만한 관계를 유지할 수 있으며, 아이들도 공부할 맛이 난다.

얼마 전 수능점수와 부모 자녀 간 대화 시간이 비례한다는 기사를 읽었다. 그 기사 댓글 중에 "이제 부모 자녀 대화법 학원이 생기겠다"는 우스갯소리가 기억에 남는다.

부모와 관계가 좋지 않은 아이는 부모와 관계가 좋은 아이보다 공부를 잘하기 어렵다. 적어도 어느 한 부모와는 사이가 좋아야 공부를 한다. 또 부모가 자녀 앞에서 자주 싸우면 아이는 부모가 싸우는 원인이 자기에게 있다고 생각하기 쉽다. 부부 싸움에 책임을 느끼는 것이다. 그러면 아이는 공부에 집중하기 어렵다. 부부관계가 나쁘면 아이들은 부부간의 갈등을 봉합할 방법을 찾는 데 에너지를 쏟느라 공부할 여력이 생기지 않는다. 반면에 부부관계가 원만하면 아이들은 공부를 잘할 수 있다. 삶의 에너지를 자기한테만 쏟아 부으면 되기 때문이다.

한편, 부부 싸움을 하고 난 뒤 자녀에게 화풀이를 하는 부모가 있다. 이 경우 아이는 부모가 내뱉은 말대로 살게 될 가능성이 높다. "너는 아빠를 닮아 그 모양이냐!" 또는 "엄마를 닮아서 그 모양이지" 하는 비난이 아이의 인생을 그런 모습으로 고착시킬 수 있는 것이다. 어린 아이들에게 부모는 절대적인 존재이기 때문이다.

부모와의 관계가 좋지 못하거나 부부관계의 갈등을 자기 책임으로 여기는 아이가 공부에 대한 자신감을 가질 수 있을까? '나는 공부를 잘할 수 있는 사람이 못 된다'는 생각이 저변에 깔려 있으면 공부하고 싶지 않다. 그만큼 부모와의 관계가 중요하다.

형제와의 관계도 중요하다. 성경에 나타난 최초의 살인 사건은 형인 가인이 동생인 아벨을 죽인 사건이다. 부모가 여러 형제들 중 누구 한 사람한테만 잘해 주고 자기한테는 무관심하다면 마음에 미움이 생길 수밖에 없다. 부모의 사랑이 온전하지 않으면, 마르지 않는 샘물처럼 늘 사랑을 부어 주는 부모가 아니라면, 형제는 서로 경쟁할 수밖에 없다. 8남매가 한 상에서 밥을 먹을 때 먼저 젓가락으로 집어 먹는 사람이 임자인 것처럼, 먹을 것이 풍족하지 않으면 경쟁하게 된다. 이와 마찬가지로 부모의 사랑이 넉넉하지 않으면 자녀들은 부모의 사랑을 두고 경쟁할 수밖에 없다.

나의 어머니는 평생 당신이 못 받은 것을 우리 삼남매에게 주려고 애썼다. 지금은 그 사랑이 고맙게 느껴지지만, 자라는 동안에는 어려움이 많았다. 막내 동생은 나를 비롯한 두 명의 누나와 비교당하며 자랐다. 반에서 5등 하던 아이였지만, 전교 1~2등을 하는 누나들과 비교하면 어머니에게 막내 동생은 늘 공부가 부족한 아이였다. 따라서 나는 남동생에게 과외교사 노릇을 해야 했다. 남동생에게 나는 누나라기보다 엄마의 사랑을 일방적으로 빼앗아 가고 엄마의 지시를 따라 공부시키는 사람에 불과했을 것이다.

나는 나의 경험을 바탕으로 형제 간에 경쟁이 벌어지지 않도록 큰

아이와 작은아이가 각자 잘하는 것을 함께 칭찬해 주었다. 다행히 작은 칭찬 하나까지 공평하게 받고 자란 아이들은 지금까지 우애가 좋다.

어느 산악회 회장에게서 들은 이야기다. 나는 산악회 회장은 산을 제일 잘 타는 사람이 되는 줄 알았다. 하지만 회장은 산에 오를 때 회원들이 오르는 모습을 전체적으로 관찰한 후에 제일 뒤처진 사람의 속도에 맞추어 산행 팀을 이끄는 사람이라고 했다.

나는 산악회 회장의 이야기를 들으며 부모의 역할도 그래야 한다고 생각했다. 우리는 흔히 앞서가는 자녀에게는 박수를 치며 칭찬하고 뒤처지는 자녀에게는 채찍질을 가한다. 하지만 부모는 잘하는 아이가 아니라 뒤처지는 아이에게 관심을 가지고 그 아이의 속도에 맞춰 쉬어 가며 격려해 주는 사람이어야 한다. 부모는 그래야 한다.

또래와의 관계, 선생님과의 관계도 학습에 중요한 영향을 미친다. 예를 들어, 자녀가 국어 과목을 제일 좋아한다면 그것은 국어가 아닌 국어 선생님이 좋다는 의미일 수 있다. 좋아하는 선생님의 과목은 점수도 잘 나온다. 그래서 학년이 바뀌면서 좋았던 성적이 떨어지고 나빴던 성적이 높아질 수 있는 것이다. 일반적으로 부모와 관계가 좋은 아이들이 선생님하고도 관계가 좋다.

부모와 관계가 좋지 않으면, 선생님들의 행동을 보며 부모의 안 좋은 모습을 떠올리게 된다. 그러면 자연히 선생님과 사이가 나빠지고 아이들은 그 선생님이 가르치는 과목에 흥미를 잃을 수 있다.

또래의 관계에서 '왕따'를 당하거나 스스로 왕따를 당한다고 느끼면 아이들은 공부에 집중할 수 없다. 내 자녀가 왜 공부를 못하는지 막연하게 생각하지 말고, 위에서 언급한 부분들을 바탕으로 원인을 찾아야 할 것이다.

현실적 기대 수준에 맞는 목표 세우기

학습 상담의 목표는 점수를 많이 올리는 것이 아니다. 40등 하던 아이를 10등으로 만드는 게 아니라, 현실적 기대 수준에 맞는 학습 성취를 목표로 한다. 자녀가 처한 현실을 고려해서 얼마나 나아질 수 있는지 현실적인 기대 수준을 정하는 것이 좋다. 이때 자녀와 함께 목표를 정해야 한다. 아이와 목표 점수를 합의하여야 하는 것이다.

아이는 부모와 함께 현실적인 목표를 정하고 공부하면 공부에 대한 두려움을 떨치고 목표를 향해 달려갈 수 있다.

학습 전략 세우기

성취하고자 하는 목표를 세웠다면 이제 학습 전략을 세워야 한다.

학습 전략은 첫째, 'PQ4Rs'다. P는 Preview로 미리 보기다. Q는 Question, 즉 질문하기다. 4R은 R로 시작되는 네 가지, 즉 읽기(Read), 깊이 생각하기(Reflect), 암기(Recite), 정리하기(Review)이다. 학습을 할 때 이 순서를 기억하고 전략을 세워 보면 도움이 된다.

'미리 보기'는 시험 공부를 하려고 책을 폈을 때 일단 처음부터 끝까지 차례를 훑어보는 것을 말한다. 단행본을 읽는다고 하면, 서문을 먼저 읽는 것과 같다. 서문은 저자가 자신의 책이 어떤 순서로 어떤 목적을 가지고 썼는지를 소개한 글이다. 공부할 때 먼저 공부할 부분의 전체 구조를 살펴보는 것이 중요하다. 어느 과목이든, 시험 범위에 해당하는 차례, 즉 공부할 내용의 구조를 미리 외워서 확인하고 시작하는 것이 크게 도움이 된다. 무작정 외우면 외운 것들이 머릿속에서 구조화되지 않아서 곧 흩어지고 만다.

'질문하기'는 차례를 보면서 내가 전에 공부했던 것과 어떤 차이가 있는지, 차이가 있다면 어떤 부분에서 다른지를 스스로 질문하는 것이다. 전혀 몰랐던 개념이나 단어가 나타나면 그것이 무엇인지 궁금증을 가지고 공부에 임해야 효율이 오른다. 의문점을 가지지 않고 책을 보면 흥미가 떨어진다. 즉, 공부란 자신이 던진 질문에 대해 스

효과적인 학습 전략

1. 학습 전략 세우기
1) PQ4Rs: 개관 - 질문 - 읽기 - 깊이 생각 - 암기 - 정리
2) 학습 목표 세우기
   - 자신의 하루/주간 일과 분석
   - 시간당 60%가량의 과제 계획
   - 시간당 성취 가능한 과제 파악(예. 단어 20개 / 수학 3쪽)
   - 가능한 같은 장소에서 같은 공부 반복(예. 새벽-영어 / 밤-수학)
   - 시험 기간: 시험 범위와 시험 시간을 확보한 후, 최소 2주 30분 단위의 시간 계획을 세운다
     * 먼저 공부할 과목(영, 수, 국, 과) / 나중에 공부할 과목(암기) 배치
     * 교과서 - 노트 중심 이해 - 암기 - 문제풀이 - 다시 보기

2. 주의 집중 전략 세우기
- 과거에 대한 후회, 미래에 대한 염려, 공상 등을 할 시간을 따로 정한다.

3. 스트레스 관리
- 스트레스 = 욕구(기대) - 현실의 능력
  * 작은 성공 계획 세우고 성취감 맛보기(예. 콩쿠르 참가)
  * 삶을 장기적으로 보기

4. 시험 불안 관리
- 이번 시험이 자신의 인생을 결정하는 것이 아님을 알기
- 자신의 공부 방법, 속도, 공부량을 다른 친구와 비교하지 않기
- 시험 후 하게 될 즐거운 일을 상상하며 긴장 풀기

스로 답을 찾아가는 과정이 되어야 한다.

'질문하기'에서 스스로 질문한 것에 대한 답을 찾으려면 먼저 '읽기'를 해야 한다. 그런 다음 읽은 내용을 이해할 수 있도록 '깊이 생각'해야 한다. '정말 그런가?' 하고 읽은 내용에 대해 계속 확인하고 생각해 보는 것이다.

여기서 공부가 끝나면 안 된다. 반드시 '암기'해야 한다. 암기할 때 오감을 사용하면 좋다. 소리를 내어 말한 것이 귀로 전달되어 머릿속에 오래 남도록 하는 방법이나 시각을 활용하여 외울 것을 이미지화하는 방법도 있다. 우리 집 거실 하면 머릿속에서 그림이 그려지듯이 외울 부분을 한 공간에 구조화해서 사진을 찍듯 머릿속에 담아 암기하는 것도 좋은 방법이다. 그런데 암기는 아이들의 성향에 따라 효율적인 방법이 다를 수 있다. 아이가 어떤 방법으로 암기했을 때 가장 효과를 보는지를 살펴서 가장 좋은 방법을 찾아 주면 좋다.

아직 끝이 아니다. 암기한 내용을 머릿속에서 '정리'하는 과정이 남아 있다. 암기와 정리가 잘된 아이와 읽기까지만 끝낸 아이의 점수는 평균 20점 이상의 차이가 난다.

둘째, 학습 목표를 세운다. 아이가 스스로 자신의 하루 일과를 분석해 보도록 한다. 1시간 공부했을 때 과목당 어느 정도 진도를 나갈 수 있는지 확인하는 것이다. 예를 들면, '1시간 동안 단어를 외우면 몇 개나 외울 수 있는가? 수학 문제는 몇 개를 풀 수가 있는가?'를 분석하는 것이다. 이렇게 분석한 것을 가지고 하루 학습량을 계획할 수 있다.

계획을 세울 때는 시간당 할 수 있는 분량의 60퍼센트가량만 계획하는 것이 좋다. 100퍼센트로 계획하면 성공할 수도 있지만 실패하기가 더 쉽다. 공부할 때는 무엇보다 성취감을 느끼는 것이 매우 중요하다. 처음부터 성공하기 어려운 계획을 세우고 목표를 삼으면 성취감이 아닌 좌절감을 맛보기 쉽다. 좌절과 실패의 경험이 많으면 공부가 두려워지고 그러면 공부를 멀리하게 된다. 따라서 학습 계획을 짤 때는 내가 할 수 있는 절대량의 60퍼센트만 짜도록 한다.

또한 가능한 한 같은 장소에서 같은 공부를 하는 것이 좋다. 예를 들어, 영어는 아침에 잘되고, 수학은 밤 시간에 독서실에서 잘되며, 암기 과목은 카페에서 잘 외워진다고 하자. 과목마다 언제 어디서 했을 때 집중도가 높았는지를 파악하면 공부를 준비하고 집중하기까지 시간이 줄어들어 학습에 집중하는 시간이 늘어난다.

이제 시험 기간 중에는 어떻게 해야 할까? 시험 범위와 시험 시간을 확보했다면, 최소 2주 동안 30분 단위의 시간 계획을 짜자. 그런 다음, 먼저 공부해야 할 과목과 나중에 공부할 과목을 나눈다. 국어, 영어, 수학은 잠깐 해서 되는 과목이 아니다. 평소에 규칙적으로 매일 하는 것이 좋다. 반면에 체육이나 미술, 음악과 같은 암기 과목은 시험 전날 집중해서 공부하는 게 효율적이다.

그리고 교과서와 노트를 중심으로 이해하고 정리한 후 암기를 하고 문제집을 통해 자신이 외운 것을 확인한 후 부족한 부분을 다시 보는 과정을 거쳐 공부한다.

주의 집중 전략 세우기

예전에 중학교 2학년 아이를 상담한 적이 있다. 그 아이는 수업 시간마다 딴생각이 난다고 했다. 무슨 생각을 하냐고 물으니 운동장에서 골대에 골을 넣는 상상을 한다고 했다. 골대에 골을 넣는 환상을 통해 자기에게 실패감을 안겨 주는 교실에서 벗어나는 것이다. 몸은 교실에 있지만 생각과 마음은 다른 곳에 있기 때문에 공부에 집중할 수가 없다.

과거에 대한 후회와 미래에 대한 염려 역시 집중하지 못하게 만든다. 아이들은 성적표를 받아 들면 좀 더 공부했으면 좋았을걸 하는 후회도 하지만 동시에 앞으로의 진로에 대한 막막함도 느낀다. 전혀 공부하지 않던 둘째 아들이 어느 날 갑자기 공부하겠다고 결단하고 나서 며칠 뒤 막막함과 두려움을 호소했다. 그동안 공부를 너무 안 했는데 과연 점수가 나올 것인지 걱정이 되고 막상 공부하려니 무엇부터 해야 할지 막막하다는 것이다. 나는 아이에게 당장에 좋은 점수를 얻기는 힘들겠지만 꾸준히 열심히 하면 오를 것이라고 격려해 주었다. 좀 더 먼 미래에 대해 현실적으로 기대하게 함으로써, 현실의 두려움과 염려를 누그러뜨린 것이다.

  과거에 대한 후회와 미래에 대한 염려가 많은 청소년들에게 상담자들은 따로 공상 시간을 갖게 한다. 예를 들어, 하루 30분가량을 염려하고 후회하고 공상하는 시간으로 따로 떼어 놓는 것이다. 즉, 후회나 걱정이 밀려들 때 그 내용을 간단히 적어 놓고 다시 공부로 돌아간다. 그리고 하루를 보낸 뒤 맞는 30분의 '집중 걱정 시간'에 적어 놓은 후회나 염려를 맘껏 해본다. 이렇게 정해진 시간에 밀려 오는 불안과 염려를 풀어 놓으면 그 시간이 끝나면 다시 일상으로 돌아와 공부에 집중할 수 있게 된다.

스트레스를 관리하기

  스트레스의 심리학적인 정의는, '스트레스 = 욕구나 기대 — 현실의 능력'이다. 욕구에 반해 현실의 능력이 모자랄수록 스트레스가 심하다. 이 공식을 가지고 볼 때, 스트레스를 다스리려면 능력에 대한 기대를 낮추거나 능력을 키우면 된다.

나는 요즘 여러 곳에서 강의를 한다. 하지만 스트레스를 그리 받지 않는다. 왜냐하면 내가 강의를 잘할 것이라는 기대가 별로 없기 때문이다. 나는 어느 날부터 내 강의를 듣고 사람들이 영향을 받을 것이라는 기대를 내려놓고, 하나님이 일하시는 방법에 따라 순종하겠다고 마음먹었다. 이렇듯 내가 나의 힘으로 잘할 거라는 기대를 내려놓자 스트레스가 줄었다.

아이들도 어떤 기대나 욕구로 인한 스트레스가 있다. 부모는 아이가 지금 무엇을 기대하는지 이야기를 들어주고 현실적으로 조정해 주어야 한다. 그런데 욕구와 기대를 조정하기 위해서는 작은 성공 경험이 필요하다. 자녀가 그날 공부한 것에 대해 칭찬으로 반응해 주는 것도 한 방법이다.

3년 만에 공부를 시작한 둘째 아들이 토요일에 교회에 가서 시험 공부를 하고 집에 돌아와, 9시간 동안 앉아서 공부만 했다고 말했다. 아이가 그 시간 동안 정말 공부만 했는지는 알 수 없지만 그것은 중요하지 않았다. 9시간 동안 앉아 있었다는 사실이 놀랍고 기특해서 나는 정말 대단하다고, 정말 잘했다고 칭찬해 주었다.

둘째 아들이 초등학교 3학년이었을 때 울면서 집에 왔다. 친구들은 상장을 받는데 자기는 상장을 하나도 받지 못했다고 서러워서 울었다. 우리나라에서 초등학교 저학년들의 상장은 대체로 엄마의 상장일 가능성이 크다. 나는 그동안 바쁘다는 핑계로 둘째 아들이 상장을 받아 오는지, 무슨 대회가 있는지도 모르고 살았다. 그래서 그때부터 참가만 해도 상을 받을 수 있는 대회를 찾아다녔다. 참가상만 받아도 아들은 기뻐했다. 이후 아들은 피아노 콩쿠르에 참여했고, 하나님이 주신 감각이 있었던지 상을 곧잘 받았다. 나는 둘째 아들이 받은 상과 트로피를 보이는 곳에 진열해 주었다. 아이는 그때부터 음악가가 되는 것을 꿈꾸게 되었다.

스트레스로부터 가벼워지고 싶다면 인생을 멀리 내다보기 바란다. 우리 동네의 어느 고등학교 건물 벽에는 '멀리 보고 함께 가자'라는 글귀가 적혀 있다. 대한민국의 교육은 미래를 위한 공부가 아니라 당장의 경쟁에서 이기는 것을 목표로 한다. 앞으로 아이들이 어떻게 인생의 항해를 헤쳐 나갈지는 아무도 모른다. 그런데도 당장의 시험 성적과 등수로 아이들의 인생을 평가하고 서로 경쟁하도록 부추긴다. 우리나라 아이들이 불행한 이유다.

둘째 아들이 그때 만일 자기만 상장을 받지 못한다는 실패감에서 벗어나지 못했다면 어떻게 되었을까? 적어도 음악가가 되겠다는 꿈은 꾸지 못했을 것이다. 어떤 삶도 속단해선 안 된다. 더구나 어린 자녀에겐 더 그래선 안 된다. 멀리 내다보고 아이의 잠재된 재능을 찾아 주어야 한다.

시험으로 인한 불안 관리하기

시험 불안을 관리할 때 가장 중요한 것은, 내가 지금 보는 이 시험이 나의 인생을 결정하는 것은 아님을 아는 것이다. 대한민국에서 가장 중요한 시험은 수능이다. 이 시험 하나로 인생이 좌우된다고 생각하기 때문에 많은 학생들이 수능날만 바라보며 공부를 한다. 하지만 우리 인생을 돌아봤을 때, 대학입시 시험으로 인생이 좌우되지 않는다는 것을 우리는 안다.

우리의 삶은 수능 이전과 이후로 나뉘는 것이 아니라 하나님을 알기 전과 알고 난 후로 나뉜다. 하나님을 만나서 회복되기 전과 후로 나뉘는 것이다.

내가 처음 상담 공부를 했을 때, 서울대학교 학생상담센터에서 있었다. 그러니까 상담센터에 찾아오는 사람은 모두 서울대생이었다. 우리나라에서 제일 좋은 학교에 다니는 학생들이니 문제가 없을 것이라 생각하기 쉬운데, 실상은 그렇지 않았다. 가난한 집이었지만 열심히 공부해서 법대에 들어간 아이가 공부도 잘하고 부유한 부모 만나 돈도 많은 또래를 만났을 때 어떨 것 같은가? 자존심에 커다란 상처를 입고 삶의 목표가 흔들리는 경험을 한다. 지금까지 이 아이의 인생 목표는 서울대에 입학하는 것이었을 것이다. 서울대에 입학하기만 하면 원하는 대로 인생을 살게 될 것으로 기대했을 것이다.

하지만 그런 일은 일어나지 않는다. 현실은 그저 가난한 서울대생일 뿐이다. 수능이 중요한 시험이지만 그것이 인생 자체가 아님을 알아야 한다.

시험으로 인한 불안을 느끼지 않으려면, 자신의 공부 방법과 속도와 공부량을 다른 친구와 비교하지 말아야 한다. 나의 공부 방법과 속도에 맞게 페이스를 유지하며 공부하면 된다. 누군가와 비교하고 경쟁하다 보면 쉽게 지치고 시험 기간 내내 불안을 느끼게 된다.

마지막으로 시험을 보고 나서 있을 즐거운 일에 대해 상상을 하면서 긴장을 풀도록 한다. 소풍 가기 전날의 설렘처럼 기분 좋은 느낌은 없다. 시험을 앞둔 아이들은 시험 자체로 인해 긴장하지만 시험이 끝나고 나서 누리게 될 즐거움을 생각하며 긴장을 풀 수 있다.

01

당신은 어렸을 때 공부를 잘했는가, 못했는가? 잘했다면(못했다면) 그 이유가 무엇인가?

02

당신의 자녀는 어떤가?

03

지금까지 자녀와 내가 갖고 있던 잘못된 학업 동기나 기대가 있었다면 무엇인가?

chapter 10

인내의 열매를
함께 맺으려면?

학습에 대한 성경적 해법

인내란 무엇인가

공부를 잘하려면 무엇이 필요할까? 나는 가장 먼저 '인내'가 떠오른다. 공부는 누구에게나 힘든 일이다. 그렇기 때문에 인내가 필요하다. 나는 '인내'란 오랫동안 엉덩이를 붙이고 공부하는 것이라고 생각했다. 하지만 갈라디아서를 보면 '인내'란 모든 사람에 대해서 분노하지 않고 보복하지 않는 것을 의미한다. 모든 사람을 향해 사랑을 거두지 않는 것이 성경에서 말하는 인내다. 성경적으로 '인내'는 관계적인 용어인 것이다.

우리가 인내하려면 관계 안에서 받은 것과 받을 것이 있어야 한다. 강의도 들으러 가는 길이 멀고 힘들더라도 강의를 통해 배울 게 있다면 견딜 수 있다.

인생의 주인이신 하나님과의 관계에서 우리는 무엇을 받았는가? 하나님의 사랑과 용서를 받았다. 우리는 죽을 수밖에 없는 죄인이었지만 하나님이 아들을 보내어 살려 주셨다.

나는 가끔 나를 낳아 주고 길러 주신 아버지와 하나님을 비교해 보곤 한다. 생물학적인 아버지와 어머니를 통해 내가 태어났다. 그런데 부모와의 만남과 역사를 만들어 가신 것도 하나님이시다. 태초에 하나님이 천지를 창조하실 때부터 이미 우리 인생을 계획하시고 세상 가운데 살도록 하신 것이다.

그러나 우리는 하나님과의 관계에서 실패한 경험들이 있다. 하나님이 하실 일을 내 노력과 능력으로 해보려고 한 것이다. 부모가 자녀를 자기 욕망과 기대에 따라 살게 하려는 것도 하나님 노릇을 하는 것이다. 그로 인해 많은 아이들이 억압받고 상처받아 병이 들었다.

우리가 하나님과의 관계에서 우리의 잘못을 고백할 때, 인내와 사랑으로 기다리고 계시는 하나님을 느끼게 된다. 하나님과의 관계 회복을 통해 우리는 다시 살아난다.

지난날을 돌아보면 나 또한 두 번 죽었다 살아난 경험이 있다. 첫 번째는, 백일도 안 된 나를 같이 살던 할머니가 깔고 앉았을 때였다. 할머니는 무의탁 노인으로 부모님이 모시고 살던 분이었다. 아기 때라 머리가 말랑말랑한 상태였는데, 어머니가 나를 택시에 태우고 응급실에 가는 길에 머리가 부풀어 오르기 시작했다고 한다. 병원에 갔더니 의사가 아기가 너무 어려 마취를 할 수 없으니 그냥 머리를 열어 보거나, 아니면 내버려두어야 한다고 말했단다. 부모님은 차마 마취도 안 하고 머리를 열어 볼 순 없어서 나를 데리고 병원을 나온 뒤 낮밤을 가리지 않고 기도했다. 하나님은 그때 내 목숨을 거두지 않으시고 나를 살려 주셨다.

두 번째는, 큰아들이 학교에서 사고치고 다닌다는 사실을 알게 된 뒤 나의 명예와 욕망을 다 내려놓고 하나님 뜻대로 살겠다고 고백한 때였다. 1등을 향해 질주하던 내가 교수직을 내려놓겠다는 결심을 한 그때, 나는 영적으로 죽었다가 다시 살아나는 경험을 했다.

당신은 어떤가? 당신은 하나님과의 관계에서 어떤 죽음과 부활을 경험하였는가? 우리는 사는 동안 하나님께 받은 것도 많고 훗날 받을 것도 많다. 사도 바울이 예수 그리스도의 부활과 죽음이 헛된 것이라면 우리가 사는 것도 헛되고 아무것도 아니라고 말했다. 하나님의 자녀로 건짐 받은 우리의 삶은 결코 헛되지 않다. 이렇듯 우리 자녀들이 하나님과의 관계에서 받은 것이 넘치고 앞으로 받을 부활의 기쁨을 원동력 삼아 어려운 공부를 끝까지 인내할 수 있길 기대한다.

성적보다 더 소중히 여겨야 할 가치

나는 공부가 제일인 대한민국에서 학습 상담을 강의하는 것에 대한 부담이 크다. 공부를 잘해야 행복하다는 것을 조장하는 것 같기 때문이다.

대학원 동기의 남편이 '사교육 걱정 없는 세상'에서 일하고 있다. 공교육을 공고히 해서 사교육으로 병든 아이들을 구하자는 운동을 하는 단체다. 한편, 요즘 기독교 학교 운동이 활발하다. 나는 이 모든 운동들의 방향성에 대해 이해하고 공감한다. 하지만 대한민국에서 태어난 이상, 주어진 현실을 담대하게 헤쳐 나가는 것도 필요하다고 생각한다. 예수님이 세상 한가운데서 복음을 전하신 것처럼, 지금 있는 자리에서 하나님 나라를 선포하며 살아야 한다고 생각한다. 하나님은 우리에게 상처받을 것을 염려하여 세상과 떨어져 살라고 하지 않았다. 오히려 세상이 아무리 악하고 더럽게 느껴져도 그 고통을 감내하며 그런 세상에 하나님 나라가 임할 수 있도록 길을 터 나가길 원하신다.

그렇다면 주어진 현실을 담대하게 헤쳐 나가는 것이란 구체적으로 어떤 것일까?

주일에 교회 대신 학원 보내는 것부터 자제하는 것이다. 나의 두 아들도 주일에는 교회에서 예배드리고 봉사하고 사람들과 교제를 나누는 것으로 온전히 하루를 보낸다. 하나님이 유일한 소망임을 알고 충성하는 삶을 살기 위해 공부를 잘해야 한다면, 앞에서 언급한 학습 전략대로 최선을 대해 노력하면 된다. 최선을 다해도 그 결과는 하나님만 아신다고 고백해야 한다. 우리 스스로 할 수 있는 것은 아무것도 없다는 것을 고백할 때 위로부터 부어지는 하나님의 능력과 위로를 경험하게 될 것이다. 그 과정에서 우리가 할 일은 자녀의 잠재력을 발견해 달란트에 따라 최선을 다해 살아가게 돕는 것이다.

어느 대학의 한 크리스천 정치학과 교수는 학창 시절 좋은 대학을 가기 위해 공부를 열심히 했다. 좋은 대학에 들어가서는 유학을 가고 싶어 영어 공부를 열심히 했다. 유학을 가서도 박사학위를 빨리 따려고 공부를 열심히 했다. 박사학위를 따고 나서는 교수임용을 위해 또 열심히 공부했다. 교수임용이 되고 나서는 연구 논문을 내기 위해 공부를 열심히 했다. 그런데 교수임용이 되고 나서 10년이 지난 후부터는 공부에서 손을 뗐다. 본인이 이루고자 한 것을 다 이루었기 때문에 더 이상 공부할 이유가 없었던 것이다.

그러던 어느 날 당시 한창 인기를 끌던 드라마 <태조 왕건>을 보면서 정치학과 교수인 자신이 궁예나 왕건의 책사 같은 존재라는 걸 깨달았다. 그가 정치학을 공부하고 연구했으니 이것을 대한민국의 정치하는 사람들을 돕는 데 사용해야 마땅하다고 생각한 것이다. 이후 그는 다시 공부에 몰두하게 되었다. 지금 그는 그의 어린 자녀와 함께 '하나님 나라를 위하여'를 외친 뒤, 공부를 한다고 한다.

우리는 아이들에게 끊임없이 "공부 좀 해라, 커서 뭐가 될래"라고 말한다. 하지만 이제부터는 자녀에게 하나님 나라를 위해 무엇을 할 것인지를 물어보자. 자녀와 부모가 함께 하나님의 가치를 살아 내는 방법에 대해 대화하고 실천하자. 자녀 스스로 공부해야 하는 목적을 찾을 수 있도록 도와주자. 또한 우리가 하나님 때문에 인내할 수 있으며, 하나님께 받은 것이 있기 때문에 더 열심을 낼 수 있다는 것을 기억하자. 이것을 마음에 새기며 부모와 자녀가 함께 공부에 전념할 수 있는 환경을 만들어 보자.

01

어린 시절, 당신의 꿈은 무엇이었는가? 그 꿈을 이루기 위해 당신은 어떤 노력을 했는가?

02

지금은 어떤 꿈을 꾸는가? 어린 시절의 꿈과 다른 점이 있다면 무엇인가?

03

당신의 꿈에 하나님의 꿈이 들어 있는가? 당신의 꿈과 하나님의 꿈 중 무엇이 당신을 움직이는가?

chapter 11

우리 아이는 어떤 인생을 살게 될까?

진로의 이론과 실제

어릴 적 나의 꿈은?

 당신은 어렸을 때 꿈이 무엇인가? 나는 유치원에 들어가기 전엔 야쿠르트 회사 회장님 집에 시집가는 게 꿈이었다. 내가 그렇게 좋아하는 야쿠르트를 원없이 먹을 수 있겠다는 생각에서다. 초등학교에 들어가서는 피아니스트가 꿈이었다. 예원중학교에 들어가기 위해 콩쿠르 준비까지 했는데 중도에 포기했다. 콩쿠르에 나가려면 마지막 단계로 교수에게 레슨을 받아야 했는데, 이 과정에서 서울의 가난한 동네 교회 목회자인 아버지가 부담하기엔 어마어마하게 많은 돈이 필요하다는 것을 너무 일찍 깨달았기 때문이다.
 어느 날 레슨을 받기 위해 교수의 집을 방문했을 때, 눈이 부시게 화려한 그의 집을 보고 가난한 우리 집이 더 또렷하게 보였고, 그날 레슨 교수에게 지불한 사례비의 액수를 알게 되자 더 이상 피아노를 치겠다는 말을 할 수 없었다. 그날 나는 집으로 돌아오면서 어머니께 "이제 피아노 그만 칠래요. 이제 공부할 게요" 했다. 어머니는 아무 말씀이 없었다. 내심 그래도 한번 해 보라고 말해 주기를 기대했는데 아무 말씀도 하지 않는 것으로 수긍하는 어머니가 한편 야속하기도 했다.

중학교에 들어가면서 내 꿈은 서울대학교 의대에 입학하여 정신과 의사가 되는 것으로 바뀌었다. 이 꿈은 고등학교 때도 변하지 않았다. "불쌍한 영혼을 굽어 살펴 주소서"라고 늘 기도하던 목회자 아버지처럼 정신과 의사가 되어 불쌍한 영혼들을 돕고 싶었다. 하지만 또다시 현실의 벽에 부딪혔다. 서울대 의대에 입학하기엔 당시 학력고사 점수가 모자랐다. 하는 수 없이 약학대에 입학했다. 당시엔 이 사실이 너무 절망스러웠다. 편입을 해서라도 의대에 가고 싶었으나 불가능하게 느껴졌다. 이곳저곳을 기웃거리다 결국 서울대 교육학과에 편입하게 되었다.

마침내 교육학과에 정착해서 대학 생활을 하면서는 상담 분야에서 1등이 되고 싶었다. 특히 중독 분야에서 내 이름을 알리고 싶었다. 당시 나를 정직하게 말하면, 중독으로 인해 고통받는 사람은 안중에도 없이 세상이 알아주는 사람이 되는 것을 삶의 목표로 삼았다.

그러나 하나님은 위선과 명예욕으로 가득 찬 나를 스스로 돌아보게 하시더니 그런 것들을 하나하나 내려놓게 하셨다. 이후 나는 하나님께 묻고 물으며 기독교 상담의 길을 걷게 되었다.

기독교 상담에 관한 책을 써서 출간하려고도 했지만 어디서도 환영받지 못했다. 종교색이 강하다는 이유로 출판사는 책을 내주지 않았고, 학자들도 탐탁지 않게 생각했다. 하지만 나는 이것이 하나님의 일이라면 언젠가 이뤄지게 할 것이라 생각했고, 마침내 긴 시간이 지나 책을 내게 되었다.

자녀들이 가는 길을 보면 내가 걸어온 길과 크게 다르지 않다는 걸 알 수 있다. 어렸을 때는 세상사 모든 일이 마음만 먹으면 되는 줄 알지만, 철이 들수록 현실이 녹록치 않다는 걸 깨닫게 된다. 더구나 그런 세상에서 예수 그리스도의 제자로 살기란 얼마나 힘든 일인지 고비마다 확인하게 된다. 그럼에도 나는 아이들이 자신이 하는 일로 인해 한 생명을 살리기를 바라는 마음에서 그들의 진로를 위해 함께 고민하고 있다.

당신은 지금까지 어떤 인생의 여정을 지나왔고, 지나고 있는가? 그곳에서 어떤 하나님을 만났는가? 당신이 만난 그 하나님께서 우리 자녀들을 만나 주시고 이끌어 주시지 않겠는가?

나는 어떤 사람일까?

진로 상담은 기본적으로 자신과 직업이 얼마큼 잘 맞는지가 핵심이다.[13] 아이와 가장 잘 맞는 직업(best match)을 찾는 과정인 것이다. 따라서 진로 상담에는 두 가지 주제가 있다. 첫째는 자기 자신을 아는 것이고, 다음은 다양한 직업의 세계를 아는 것이다.

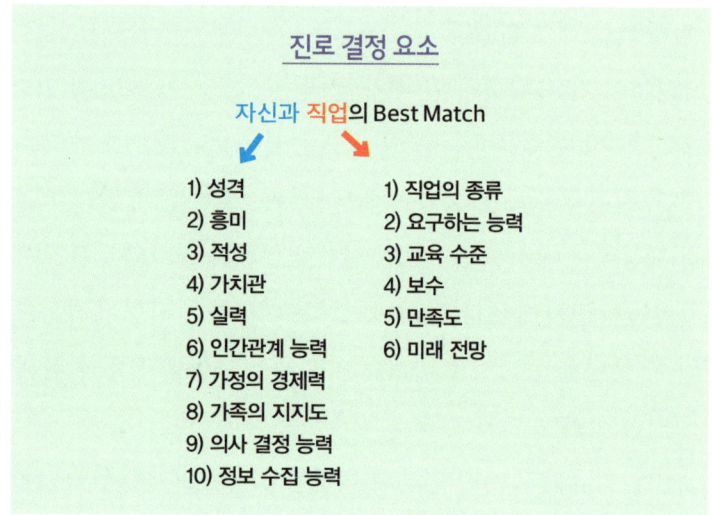

자기 자신을 어떻게 알까? 자신의 성격, 흥미, 적성, 가치관, 실력, 인간관계 능력, 가정의 경제력, 가족의 지지도, 의사 결정 능력, 정보 수집 능력 등을 알아보는 것이다.

첫째, 성격을 알아야 한다. 자기 성격과 맞지 않는 일을 하는 사람들은 일하는 것 자체가 괴롭고 힘들다. 자녀가 대인관계를 잘한다면 세일즈맨이 어울릴 것이다. 반면에 혼자 있는 것을 좋아한다면 연구나 철학, 컴퓨터 프로그래밍 등이 어울린다.

둘째, 어떤 일에 흥미를 보이는지를 알아야 한다. 주의할 점은 부모가 아니라 자녀의 흥미나 관심을 찾아야 한다. 부모의 흥미에 눈이 가려지면 자녀의 관심사가 잘 보이지 않는다. 왜냐하면 사람은 보고 싶은 것만 보기 때문이다.

셋째, 적성을 알아야 한다. 계산력, 수리 능력, 언어 능력, 공간 지각력 등 각자 잘하는 분야가 있다. 내가 아는 친구는 틀린 글자를 잘 찾는다. 그리고 주어진 규칙에 따라 일처리하는 것을 잘한다. 나는 정반대로 창의적으로 일을 해결하는 것을 좋아하는 반면, 꼼꼼하게 지침대로 하는 것이 어렵다.

나는 수리 능력이나 공간 지각력이 떨어져서 대학 공부를 하면서 어려움이 많았다. 체내 약물 속도를 지수 로그 함수로 계산하는 시험에서는 다섯 가지나 되는 답이 나와서 무엇을 써야 할지 막막했다. 기본적으로 약학의 기초가 되는 화학은 분자의 구조를 바꾸는 일이었는데, 이를 위해서는 3차원에 위치한 분자 구조를 생생하게 볼 수 있는 공간 지각력이 필요했다. 그래서 나는 내 경험에 비추어 아이들의 적성과 함께 자녀가 원하는 학과의 교과 과정도 꼼꼼히 확인해 보길 권한다.

넷째, 가치관을 알아야 한다. 자녀가 무엇에 의미를 두고 있는지, 인생의 목적을 어디에 두고 있는지를 아는 것이다. 가치관에는 몇 가지 유형이 있다. 경제형은 돈에 관심이 많고 돈을 좋아한다. 정치형은 권력에 관심이 많고 힘을 소유하고 싶어 한다. 심미형은 음악, 미술 등 아름다움을 추구한다. 사회형은 남을 돕는 것을 좋아한다. 남을 돕고 돌보는 것에 가치와 의미를 느끼는 사람들이다. 종교형은 목사, 스님과 같이 삶의 궁극적인 의미를 찾기 위해 힘쓰는 사람들이다.

자녀는 부모에게서 가치관을 배운다. 부모가 돈을 최고로 생각하면 아이도 돈이 중요하다고 배운다. 부모가 힘과 명예를 최고로 생각하면 아이도 힘과 명예가 최고라고 여긴다.

그리스도인으로서 우리는 자녀에게 어떤 가치관을 가르쳐야 할까? 아니, 이 질문 이전에 부모로서 우리는 무엇에 가장 가치를 두고 살고 있는가? 우리는 하나님의 뜻을 따라 살고 싶어 하는데, 그러면 무엇이 하나님의 뜻일까? 성경은 우리가 이 땅에 살면서 한 생명, 한 영혼을 살리는 것이 하나님의 뜻이라고 말한다. 즉, 성격, 흥미, 적성을 살려 영혼을 살리는 일에 도움이 되는 진로를 찾으면 된다.

다섯째, 실력을 아는 것이 중요하다. 로(Roe)의 욕구 이론을 보면, 여러 직업들을 흥미에 기초해 8가지 직업군으로 분류하고 이를 책무에 기초해 6가지 수준으로 나누었다. 1단계는 고급 전문 관리로 교육부 장관이 이 수준에 속하고, 6단계는 비숙련직으로 교무실 보조 업무를 하는 사람이 이 수준에 속한다. 하지만 실력이 그 사람의 가치를 말해 주는 것은 아니다.

내가 아는 어떤 분은 학교에서 기자재를 관리하는 일을 한다. 그분은 장애를 가진 딸이 있어서 하루 종일 근무할 수가 없다. 그래서 학교에서 몇 시간만 일을 하는데, 남들이 봤을 때는 그분이 하는 일이 어떤 고급 기술이나 지식을 요하지 않는 하찮은 일에 불과하다. 그런데 나는 그분이 화를 내는 모습을 지금까지 본 적이 없다. 언제나 웃는 얼굴로 누구에게든 친절하게 대한다. 나는 그 학교의 교장 선생님과 모든 교직원을 통틀어 그분을 가장 존경한다. 그분을 볼 때마다 때로는 사람들에게 높은 지위나 실력이 행복을 보장하는 건 아니라는 사실을 깨닫는다.

여섯째, 사람과 관계 맺는 능력을 알아야 한다. 얼마 전에 종영한 드라마 <프로듀사>에는 한류 스타 김수현이 조연출역으로 나온다. 책임 피디가 조연출인 김수현에게 프로그램 출연자에게 하차 통보할 것을 시키자, 김수현은 출연자에게 가서 "선생님을 예능보다는 영화와 드라마에서 더 자주 뵙고 싶습니다"라고 말한다. 김수현으로서는 프로그램 하차 통보를 에둘러 표현한 것인데 출연자는 그의 의도를 알아차리지 못하고 오히려 "내가 예능에서 더 분발하겠다"며 의지를 다진다.

인간관계 능력이란, 이처럼 사람들과 좋은 관계를 맺으면서도 해야 할 말을 잘 전달하는 능력이다. 김수현이 맡은 조연출이라는 캐

릭터는 인간관계 능력이 부족한 사람이었다. 이런 사람이 인간관계 능력을 특별히 필요로 하는 직업을 가지면 많이 힘들 것이다. 물론 나중에 드라마에서는 김수현이 가진 이러한 우직한 성품이 긍정적으로 조명되었지만 말이다.

일곱째, 가정의 경제력도 알아야 한다. 나는 우리 집 가정형편이 어렵다는 걸 알고 피아노를 그만두었다. 앞에서 언급한 소년원 아이는 의사를 꿈꿀 정도로 공부를 잘했지만, 부모가 뒷바라지해 줄 능력이 없어서 꿈을 포기했다. 이처럼 가족의 경제력은 자녀가 하고자 하는 일을 선택함에 있어서 큰 영향을 미친다. 자녀가 하고자 하는 일이 법을 어기거나 남을 힘들게 하는 일이 아니라면, 그리고 부모가 경제적으로도 뒷받침해 줄 여력이 있다면 자녀를 믿고 지지해 주어야 한다. 부모의 응원을 받으면서 달리는 사람은 바람을 등에 업고 달리는 것과 같다.

여덟째, 가족의 지지도도 살펴봐야 한다. 큰아들이 대학에 진학하고 진로에 대해 고민했을 때, 남편은 "무슨 일을 해도 좋으니 생명을 살리는 일을 하라"고 했다. 큰아들은 그 말을 듣고 사회복지, 상담, 신학으로 진로를 좁혔다. 남편과 나는 큰아들이 이 세 가지 중 무엇을 선택하든 그 일이 생명을 살리는 일이라면 전심으로 지지해 주기로 했다.

마지막으로, 의사를 결정하는 능력과 정보를 수집하는 능력이 어느 정도인지 알아야 한다. 직업을 선택함에 있어서 의사 결정 능력은 매우 중요하다. 자녀에게 다양한 직업에 대해 알려 주었고, 자녀가 자신이 어떤 사람인지를 파악했더라도, 자녀가 어떤 직업을 선택할지에 대한 결정 능력이 없다면 어려움을 겪게 된다. 이는 우리나라의 오래된 말을 떠올리게 한다. '인천 앞바다가 모두 사이다여도 컵이 없으면 마실 수 없다.'

우유부단한 사람, 자신감이 없는 사람은 여러 가지 정보를 다 가져도 진로 선택의 어려움을 겪는다. 먼저 자신감을 가지고 어떤 선택이든 확신을 가지고 선택할 수 있는 능력을 길러야 한다.

한편, 직업을 선택할 때, 내가 원하는 직업의 종류와 직업이 요구하는 능력에 대해 알아야 한다. 아이가 원하는 학과와 전공에 관련한 정보를 얻으려면, 각 학교 홈페이지에 들어가서 커리큘럼을 보면 어느 정도 알 수 있다. 교과과정을 보면 이 직업을 얻기 위해 어떤 과목을 공부해야 하는지 알 수 있다.

어느 수준까지 교육을 받아야 이 직업을 얻을 수 있는가에 대한 정보도 필요하다. 부산에 강의를 가서 알게 된 분의 남편 직업이 '도선사'라고 했다. 그때까지 나는 도선사에 대해 아는 바가 전혀 없었다. 도선사란 선장 경력이 오래된 사람 가운데 자격 시험을 거쳐 항구를 통제하는 일을 하는 사람이다. 다양한 직업의 세계에서 내가 원하는 직업을 선택할 때, 그 직업이 요구하는 교육 또는 훈련 수준과 보수까지도 고려해야 한다.

진로를 결정하는 요소에 대한 정보를 얻을 수 있는 인터넷 사이트를 활용하면 좋다. 한국직업능력개발원(www.krivet.re.kr)에 들어가서 직업 사전을 검색하면 원하는 직업에 대한 정보를 얻을 수 있다. 한국청소년상담복지개발원(www.kyci.or.kr)에서는 인터넷으로 직업 상담을 받을 수 있다. 한국가이던스(www.guidance.co.kr)에서는 진로검사를 받을 수 있다.

나의 성격이나 적성 등을 이해하는 데 도움이 되는 검사들로 '홀랜드 적성탐색검사'와 '스트롱 진로검사'가 있다. '홀랜드 적성탐색검사'는 한국가이던스에서 판매하고 있고, '스트롱 진로검사'는 한국심리검사연구소에서 판매하고 있다.

진로에도 발달단계가 있다

진로발달단계 분야에서 가장 대표적인 사람은 수퍼(Super)다.[14] 수퍼는 사람이 태어나서 죽을 때까지 어떤 단계를 거쳐 진로 발달이 이루어진다고 보았는데, 그의 진로 발달 단계를 주일학교에 맞춰 정리해 보았다.

첫째, 영아부 시기에는 아이들에게 세상은 믿을 만하고 안전하다고 느낄 수 있게 해줘야 한다. 그래서 세상을 마음껏 탐색하고 경험할 수 있어야 한다.

둘째, 유치부 시기는 수퍼의 이론 중 '환상기'에 속한다. 둘째 아들은 유치원 다닐 때 '피터 팬'이 되고 싶다고 했다. 부모는 자녀가 되고 싶어 하는 것에 대해 적극 반응해 줘야 한다. 이 시기에는 꿈꾸는 것은 다 이룰 수 있다고 믿는다.

셋째, 유년부는 수퍼의 이론 중 '흥미기'에 속한다. 그리기를 좋아하는 아이는 '화가'가 되고 싶다고 말하고, 노래 부르는 것을 좋아하는 아이는 '가수'가 되고 싶다고 말한다. 초등학교 저학년 아이들은 보편적으로 실력에 상관없이 좋아하기 때문에 그것이 되고 싶어 한다. 부모는 다양한 영역에 자녀들을 노출시켜서 아이들이 어디에 흥미를 보이는지 주의 깊게 관찰해야 한다.

넷째, 초등부는 수퍼의 이론 중 '능력기'에 속한다. 초등학교 4학년 무렵에는 자기의 능력을 객관화시킬 수 있다. 그림 그리는 것을 좋아하기 때문에 '화가'가 되려고 하는 것이 아니라, 그림을 잘 그린다는 것을 알고 '화가'가 되고 싶어 한다. 이 시기에 무작정 좋아하는 것을 좇다 보면 실력이 부족해 좌절을 경험하게 된다. 부모는 자녀가 무엇에 재능이 있는지, 무엇을 잘할 수 있는지 함께 찾아 주어야 한다.

다섯째, 중등부가 되면 '진로 현실기'에 접어든다. 이때가 되면 "나는 화가가 될 만큼 그림을 잘 못 그려요"라고 말할 정도로 자신의 능력을 현실적으로 판단한다. 자기의 능력뿐 아니라 가정의 경제력을 판단하여 하고 싶은 것을 할 수 있는지 없는지를 판단한다. 그렇기에 이 시기에 많은 아이들이 욕구 좌절의 경험을 하며, 욕구 좌절은 분노로 이어져 소위 '중2병'이 발병하게 된다.

피아제(Jean Piaget)는 이 시기에 형식적 조작기가 완성된다고 했다.

성인처럼 생각하고 결론을 내릴 수 있는 시기라는 것이다. 인지적으로 생각하고 논리적으로 분석 가능한 시기이기 때문에, 이성적 판단을 통해 현실의 벽을 마주할 때가 많다. 이 시기에 부모는 아이의 좌절과 분노, 어려움을 공감해 주어야 한다. 무엇이 힘든지, 어떻게 하면 도울 수 있을지 묻고 해결해 주어야 한다. 그럴 때 아이는 부모의 사랑과 격려 속에서 어려운 시기를 잘 넘어갈 수 있다.

여섯째, 고등부부터 청년부까지는 '진로 준비기'다. 진로를 선택하기 위해 무엇을 준비해야 하는지 알아보고 실천해야 하는 시기다. 내 인생을 위해 무엇인가를 구체적으로 준비하는 시기다. 하지만 대한민국의 아이들은 대부분 대학교 3학년 때부터 준비기에 들어간다. 엄청난 시간과 노력을 들여 대학에 들어왔지만 진로에 대한 고민을 충분히 하지 않은 상태로 점수에 맞춰 대학을 선택한 터라 많은 학생들이 1학년 때는 놀기에 바쁘다. 2학년 때도 집중하지 못하고 학교생활을 하다가 3학년이 되어서야 불안해져서 진로 준비를 하기 시작한다. 하지만 이때 전공이 적성에 맞지 않다는 걸 깨닫고 당황해서 다른 길을 찾아 나서기도 한다.

따라서 후회하지 않으려면 중학교 때부터 진로에 대해 고민해야 한다. 최근 교육부에서 중학교 1학년 때 따로 시간을 내어 진로를 탐색하는 시간을 갖도록 한 것은 반가운 일이다. 그러나 부모의 가치가 변하지 않고, 자녀의 자율성이 확립되지 않는다면 아무리 시간이 주어져도 진로에 대한 적절한 고민과 결정을 내리기 어렵다.

장년부는 '진로 확립기 및 안정기'라 불린다. 이 시기에는 하고 있는 일에 대해 안정감을 느끼고 즐거움을 느껴야 한다.

마지막으로 노년부는 '쇠퇴기 및 제2의 인생 준비기'라 불린다. 자녀를 다 키우고 나서 여생을 어떻게 살아야 할까 고민하는 시기다. 지금은 100세 시대이기 때문에 은퇴 이후 남은 시간이 훨씬 길어진다. 그러므로 은퇴 전까지는 가족이나 생업을 위해 일하지만 은퇴 이후에는 하나님께서 자신을 통해 계획하신 일을 본격적으로 펼쳐 나갈 수 있다.

얼마나 준비되어 있는가?

진로 성숙 검사는 진로 준비에 필요한 어떤 능력이 개발되어 있고, 어느 수준에 도달했는지를 판단해 준다. 진로 성숙도는 진로를 선택할 때의 내용과 진로를 선택하는 과정으로 나누어 판단한다.

진로 선택의 내용

진로 선택의 내용은 다시 일관성과 현실성을 기준으로 판단한다. 예를 들어, 둘째 아들은 초등학교 4학년 때 드럼을 시작해서 8년째

하고 있다. 이 아이의 꿈은 대한민국의 최고 드러머가 되는 것이다. 아이는 지난 8년간 드럼을 마스터하기 위해 꾸준히 배우고 연습해 왔다. 그러던 어느 날, 아이가 드럼을 하면서 공부도 병행하고 싶다고 말했다. 드럼을 치기 위해서 드는 시간과 공부에 드는 시간을 생각하면 현실적으로 불가능해 보이기도 한다. 그래서 아이에게 둘 중 하나에만 매진해도 시간이 부족할 것인데 어떻게 준비하면 좋겠는가 물었다. 이처럼 아이가 어떤 진로를 선택했을 때, 전체 분야나 시간, 수준에 따른 일관성이 있는지, 자신의 능력이나 실력, 흥미에 따른 현실성을 갖고 있는지를 보고 그 성숙도를 판단할 수 있다.

진로 선택 과정

진로 선택 과정은 선택하는 능력과 선택하는 태도를 기준으로 판단한다.

선택 능력에는 정보 수집, 계획 수립, 자기평가, 목표 설정 등이 있다. 자기 자신이 어떤 사람인지를 알고, 직업 세계에 대해서도 알았다면, 이 두 가지를 연결시키는 과정에서 정보 수집 능력과 계획을 수립하는 능력이 필요하다. 10년 뒤에 이 일을 하려면 5년까지는 뭘 해야 하는지, 3년까지는 뭘 해야 하는지, 이번 학기에 뭘 해야 하는지, 이번 달에는 무엇에 집중해야 하는지 계획을 짜는 것이다.

부모는 아이가 스스로 어떤 꿈을 꾸면서 그 꿈을 실현하기 위한 구체적인 계획을 짤 수 있도록 도와야 한다. 무작정 계획을 짜라고 다그칠 게 아니라 아이와 함께 묻고 답하는 과정을 통해 격려하고 지지하며 계획을 짜도록 해야 한다.

그런 다음 스스로 자신을 평가하는 능력이 필요하다. 큰아들은 지난 학기 장학금을 받았지만 이번 학기에는 장학금을 받을 수 없을 것 같다고 말했다. 긴장도 풀린 데다 공부에만 집중할 수 있는 환경이 아니라는 것이 그 이유였다. 더구나 캐나다에 사는 동창이 한국에 들어오면 큰아들이 사는 원룸에서 함께 지내곤 하는데, 이때 더더욱 공부에 집중하기 힘들다고 했다. 이런 상황에서 필요한 것은, 내가 얼마큼 공부할 수 있는지를 스스로 평가하고 그에 따라 자신을 관리하는 능력이다. 그리고 스스로 자신을 평가하는 능력이 생겼다면 이제 그에 맞는 목표 설정 능력도 향상된다.

한편, 선택하는 태도에는 결정의 정도, 독립성, 타협 정도가 포함된다. 세상에 절대적인 것은 없다. 그런데 한 번 결정하면 문제가 보이는데도 밀어붙이는 사람이 있다. 이 경우 결정의 정도를 유연하게 조정할 수 있는 능력이 필요하다. 그리고 독립적으로 선택할 수 있어야 한다. 예를 들어, 예수님을 모르는 부모가 가난한 가운데 어렵게 학비를 마련해 주어 의대를 졸업한 의사가 있다고 하자. 그는 한국에서 성공이 보장된 길을 버리고 아프리카 의료 선교사로 나가고

자 한다. 그동안 부모의 수고와 헌신을 생각하면 쉽지 않은 결정이다. 하지만 부모의 삶에서 독립할 수 있는 힘이 있으면 결단한 것을 실천에 옮길 수 있다.

한편, 현실의 벽에 부딪혔을 때 일정 정도 현실과 타협하는 능력도 필요하다.

그런데 학교는 진로와 관련된 이러한 내용들을 가르쳐 주지 않는다. 진로를 선택할 때 반드시 필요한 능력들이지만, 선생님도 부모도 가르쳐 주지 않는다. 몰라서도 가르쳐 줄 수 없고 알아도 어떻게 가르쳐야 할지 모르기 때문이다.

이렇게 중요한 것을 아무도 가르치지 않는다면, 교회가 가르치면 어떨까? 교회에서 배운 말씀들이 삶 가운데 잘 적용되지 않는 것은, 말씀과 내 삶의 간격이 크기 때문이다. 우리 삶에서 실질적으로 도움이 되는 것을 주일학교에서 가르쳐 보면 좋겠다.

진로 상담에서 만나는 내담자의 유형

진로 상담의 대상은 크게 우유부단 집단, 진로 미결정자 집단, 진로 결정자 집단으로 나뉜다.

우유부단 집단은 결정 능력이 없어서 진로를 선택하지 못하는 아이들을 말한다. 이 유형의 아이들에게는 진로 상담보다 개인 상담이 필요하다. 그동안 경험한 좌절로 인해 자신에 대한 확신이 부족해서 미래를 그려 보는 것조차 힘들어 하는 아이들이다. 이런 아이들에게는 일단 마음의 근육을 단련시키는 시간이 필요하다. 과거의 우울하고 불안했던 것들에 대해 직면하고 이해하며 받아들이는 과정이 필요한 것이다. 이 과정을 통해 아이들은 자신에게 관대해지고 자신감을 기르게 된다.

자신의 결정에 대해 확신을 가지게 되면 그다음 단계의 진로 상담이 진행될 수 있다. 우유부단 집단은 개인 상담을 통해 정체성을 갖게 되면 진로 미결정자 집단으로 옮겨 간다.

진로 미결정자 집단은 결정할 수 있는 능력은 있는데 아직 결정하지 못한 아이들이다. 이 집단의 아이들에게는 자기 탐색과 선택의 시간이 필요하다. 내가 어떤 존재인지에 대해 충분히 탐색할 수 있도록 적성검사, 성격검사, 가치관 검사를 시행한다. 검사 결과를 보면서 내가 어떤 사람인지, 어떤 진로를 선택하면 좋을지를 생각해 본다. 그리고 관심이 가는 학과에 다니는 선배들을 만나 보는 것도 한 방법이다. 선배들을 만나서 학과에서 어떤 공부를 하는지, 학과와 관련된 능력을 키우기 위해서는 무엇을 해야 하는지 등의 정보를 얻는 것이다.

마지막으로 진로 결정자 집단에게는 어떻게 해야 그 일을 할 수 있는지에 대한 정보가 필요하다. 그 일을 하기 위해 필요한 공부와 자격증, 시험 등의 정보가 필요한 것이다. 이때 부모가 그와 관련된 정보를 제공해 줄 수 있는 전문가를 연결해 주면 좋다.

큰아들은 선교학을 전공하고 있지만 사회복지에도 관심이 많아서 사회복지 연구팀과 연결해 주었다. 내가 2년마다 강의를 나가는 서울대학원에서 만난 사회복지학과 박사과정에 있는 학생을 통해 '한국교정복지연구소' 사람들과 만날 기회가 있었는데, 그 자리에 큰아들을 데리고 나간 것이다. 그때부터 지금까지 큰아들은 매주 그 연구소에 간다. 벌써 4년이 되었다. 집에서 2시간 넘게 걸리는 곳이지만, 그곳에서 자신을 탐색하며 진로에 대한 정보를 얻을 수 있기 때문에 힘든 내색도 하지 않고 즐겁게 다닌다.

이처럼 자녀가 진로 상담의 단계 가운데 어느 집단에 속하는지를 잘 살펴서 필요한 것들을 제공해 주는 것이 중요하다.

직장인에게 요구되는 능력

기초 직업 능력이란 어떤 직업에 종사하기 위해 기본적으로 갖추어야 하는 능력을 말한다. 가장 기본은 글쓰기, 말하기, 셈하기 능력이다.

둘째는 자기 이해 능력이다. 자신이 어떤 사람인지, 무엇을 할 수 있고 무엇을 할 수 없는지에 대한 정확한 이해를 하고 있어야 직장에서 다른 사람과 일하기 쉽다.

셋째는 상황을 파악하고 대처하는 능력인 문제 해결 능력이다.

넷째는 의사소통 능력이다. 동료나 직장상사의 말을 잘 못 알아들으면 회사생활이 힘들어진다.

다섯째는 대인 관계 능력이다.

성적이 좋지 않아도 이 다섯 가지 능력을 잘 갖추고 있으면 일하는 데 큰 어려움이 없다. 하지만 이 다섯 가지 말고도 요즈음 더욱 필요한 것이 있다고 생각한다. 첫째는 빠른 습득 능력이다. 옛날에는 한 번 직장을 구하면 그것이 평생 직장이 되었다. 하지만 요즘에는 취직 후 3년에서 5년 차에 이직률이 높다. 이제는 평생직장이라 불릴 만한 직업군이 몇 안 된다. 3년 만에 전업을 해야 할 경우 가장 중요한 것은 이직할 직장 업무에 필요한 빠른 습득 능력일 것이다.

다음은 미래에 겪게 될 좌절에 대해 인내하는 능력이다. 요즘 청년들은 못하는 것이 없을 정도로 다재다능하다. 혹자는 지금의 젊은 세대가 단군 이래 가장 능력이 뛰어난 세대라고 말한다. 하지만 그 능력을 펼칠 직장이 부족해서 많은 청년들이 적은 월급을 받고 일을 한다. 적은 월급이 싫어서 대기업으로 몰리는가 하면 장기 취업 준비생으로 남는 청년도 많다. 하지만 아무리 적은 월급이라도 자신이 할 수 있는 일을 하면서 능력을 키우는 것이 필요하다. 경제적으로 빈곤한 것에 대해서도 인내할 줄 알아야 하며, 자신의 능력에 훨씬 미치지 못하는 일조차도 즐겁게 최선을 다해 할 수 있는 마음의 여유가 필요하다.

부모는 자녀에게 풍족한 미래를 선사하고 싶다. 하지만 시간이 흐를수록 경제적으로 풍족한 미래를 물려주는 일이 점점 어렵게 느껴진다. 그렇다면 자녀에게 무엇을 물려줘야 할까? 돈이 적고 환경이 여의치 않아도, 주어진 직장에서 성실하게 실력을 쌓아 가는 인내력을 길러 줘야 한다. 요즘 젊은이들은 결혼을 기피하는 경향이 있는데, 처음부터 30평대 아파트에서 시작하려니까 결혼을 할 수 없는 것이다. 불편한 환경을 둘이 힘을 합해 조금씩 개선해 나가는 인내와 성실이 요구된다.

마지막으로 변화에 대처하는 능력이다. 미국의 어떤 미래학자는 앞으로 4년제 대학이 없어질 것이며 대신에 'micro college'가 생길 것이라고 했다. 요즘 관심을 끄는 3D프린터나 사물 인터넷 기술 등의 신기술을 빨리 익혀서 직업화하기 위해서는 단기간, 실제 교육 중심의 학교들이 세워질 것이라는 관측이다. 급변하는 시대에 발맞춰 변화에 대처하는 능력이 더욱 필요해졌다.

미래의 유망 직업들[15]

일과 삶의 균형을 추구하는 직업

보육교사
여행상품 개발자
이미지 컨설턴트
익스트림 스포츠 가이드
전직 지원 전문가
헤드헌터

세계화, 글로벌화를 이끄는 직업

관세사
국제개발협력 전문가
국제 변리사
국제회의 전문가
물류 전문가
우주비행사
의료관광 코디네이터

유비쿼터스 시대를 이끄는 IT직업

RFID(Radio-Frequency Identification) 시스템 개발자
U-City 기획자
사물 인터넷(IOT) 개발자
스마트 그리드 통합운영원
스마트폰 앱 개발자
온라인 광고 기획자
정보보호 전문가
증강 현실 엔지니어
지능형 교통시스템 전문가(ITS)
클라우드 시스템 전문가

지구온난화에 대처하는 녹색 직업

LED 제품 개발자
기후 변화 전문가
바이오 에너지 연구원
연료전지 전문가
온실가스 인증 심사원
전기자동차 개발자
탄소배출권 거래 중개인
태양광 발전 연구원
폐기물 에너지 연구원
풍력발전 시스템 연구원

고령인구와 다문화 사회를 위한 직업

개인 자산 관리자
기능성 식품 연구원
노인상담 · 복지전문가
다문화 언어지도사
생체로봇 외과의사
유전 상담 전문가
장기이식 코디네이터

첨단 기술 관련 직업

3D 모델러
나노공학자
로봇공학기술자
생명정보학자
애니메이터
항공우주 공학자
해양공학기술자
핵융합로 연구개발자

삶의 질 향상을 위한 문화·서비스 직업

내로캐스터
동물 관리 전문가
디지털 아티스트
디지털 장의사
수의사
이러닝 교수 설계자
정리수납 컨설턴트
체형 관리사
호텔 컨시어지

산업과 기술의 융합형 직업

게임 시나리오 작가
치료 전문가
고도 물처리 연구원
프로파일러
기상 컨설턴트
홀로그램 전시 기획자
디지털 고고학자
로봇 감성 인지 연구원
빅데이터 전문가
빌딩정보모델링(BIM) 전문가
생체계측의료기기 개발자
재난 대처 전문가
정밀 농업 연구원

01

당신이 가장 중요하게 여기기 때문에 인내하며 부지런히 하고 있는 일은 무엇인가?

02

당신의 자녀는 미래에 어떤 일을 하기를 원하는가?
어떤 일이 성격, 적성, 가치관과 맞는가?

자녀는 부모에게서 가치관을 배운다.

chapter 12

충성의 열매를
함께 맺으려면?

진로에 대한 성경적 해법

우리가 살아가는 목적도 생명을 살리기 위함이요, 우리 자녀가 살아가는 목적도 한 사람이라도 살리기 위함이다. 예수 그리스도께서 흘리신 피와 그 피의 열매로 주어진 영생 안으로 한 사람이라도 들어오도록 하는 것이 인생의 목적이다.

예수 그리스도는 부활하시고 승천하시면서 제자들에게 명령하셨다.

> "예루살렘과 온 유대와 사마리아와 땅 끝까지 이르러 내 증인이 되라"(행 1:8).

예수님이 한 일을 사람들이 알게 하고 그 일을 사람들에게 전하여 예수님이 죽음으로 이룬 이 구원 안으로 사람들을 다 초대하라는 말씀이다.

우리는 예수님의 피 값으로 다시 살아난 사람들이다. 그렇기 때문에 하나님이 우리에게 명령하신 것을 순종할 의무가 있다.

성령의 아홉 가지 열매 중 하나인 충성은 진실하게 주님의 부탁을 지키는 것을 의미한다.[16] 어떻게 충성할까? 진실하게 끝까지 주님의 부탁을 지키는 것이다. 또 두려워함으로 나의 약함으로 주님의 부탁을 지키는 것이다. "하나님, 저한테 이것 부탁했으니까 제가 들어 드리죠"가 아니라 "하나님, 저는 진짜 아무것도 못하거든요. 제가 할 수 있는 게 없어요. 그래서 많이 두렵고 무서워요. 그러나 하나님께서 저에게 하신 일을 알기 때문에 진실함으로 최선을 다해 하겠습니다"라고 말하는 것이 충성이다. 자녀들과 함께 이 충성의 열매를 맺기를 소원한다.

박윤선 박사는 그의 갈라디아서 주석에서 충성이란 "진실되게 주님의 부탁을 지키는 것"이라고 하였다. 또한 충성하는 자의 다른 표현으로 '주님을 두려워하는 약한 자', '주님 앞에 건실한 자', '주님을 위한 의로운 삶을 사는 자' 등이 있다고 말했다. 비록 모의고사 점수는 잘 안 나오더라도, 세상 사람들이 알아주는 번듯한 직업을 가지진 못했더라도, 자신이 하는 일을 통해 예수님께서 우리에게 부탁하신 것들을 두려움과 건실함으로 끝까지 지키는 충성된 일꾼으로 자녀들을 양육하자.

가족이란 7층짜리 집

이를 위해서는 어쩌면 부모가 먼저 주님의 충성된 일꾼이 되어야 할지 모른다. 부모·자녀 관계 연구의 세계적인 권위자인 가트맨(John Gottman)은 7층 집 짓기 구조를 통해 앞으로 가족이 나아가야 할 방향을 제시하고 있다. 7층짜리 집을 짓기 위해서는 1층부터 잘 지어야 한다. 기초가 있어야 6층과 7층이 흔들리거나 무너지지 않는다. 그런데 우리는 그동안 1층부터 제대로 짓지 못해서 부모와 자녀 관계가 틀어지고, 부부가 서로의 생각을 공유하지 못했다.

1층부터 기초를 잘 세우려면 먼저 서로를 잘 알기 위해 노력해야 하고, 알았으면 이해하고 존중해야 한다.

2층은 감사와 사랑을 잘 표현하여 든든해진다.

3층은 서로 인정하고 칭찬하는 말을 통해 쌓아진다.

4층은 긍정적 감정 교류를 활발히 하는 것을 통해 이루어지는데, 부부간의 기분 좋은 성생활이 큰 도움이 된다.

5층은 부부가 서로 경멸하고 비난하고 합리화하고 도피하는 것을 멈추고 갈등을 조절하기 위해 양보하고 이해하며 쌓아진다.

1층부터 5층까지 올라오느라 힘들었지만, 여기서 지쳐 쓰러져서는 안 된다. 7층짜리 행복한 집을 완성하려면, 가족은 서로 각자의 꿈을 이해하며 돕고(6층), 인생의 의미를 공유해야 한다(7층).

7층 : 인생의 의미 공유하기 - 가정 문화 만들기

6층 : 각자의 꿈을 이루도록 돕기

5층 : 갈등 조절하기 - 비난, 경멸, 합리화, 도피 멈추기

4층 : 긍정적 감정의 쓰나미 느끼기 - 기초 공사

3층 : 배우자에게 다가가기 - 정서통장 저금

2층 : 호감 표현, 칭찬하기 - 감사와 사랑 표현

1층 : 애정 지도 만들기 - 서로의 취향 알기

건전한 가족의 집 [17)]

앞의 그림은 큰아들이 한참 사고치고 다닐 때 그린 그림이다. 휠체어를 탄 할아버지가 보이고 동생은 미끄럼틀에서 '만세'를 부르고 있다. 엄마 아빠는 자동차에 타고 있어서 보이지 않는다. 아이한테 투명인간이나 다름없던 우리 부부의 모습이 적나라하게 드러나고 있다.

다음 그림은 큰아들이 태국에 가서 그린 그림을 내가 재현한 것이다. 앞의 그림을 그린 지 10여 년이 흐른 뒤에 그린 것이다. 십자가 앞에 우리 네 가족이 있다. 다행히 이 그림에서는 엄마 아빠가 실체를 나타내고 있다. 네 가족이 십자가 앞에 무릎 꿇고 앉아 있다는 게 아이의 설명이다. 그리고 십자가가 반짝거리는 것은 십자가가 거울이기 때문이란다. 큰 아들은 이 그림에 '가족 모두가 예수 그리스도를 바라보며, 그분의 뜻을 따르며, 말씀을 통해 서로의 모습을 드러내고 있는 장면'이라는 해석을 덧붙였다.

하나님은 우리 가족들에게 무엇을 원하실까?

부모는 자신의 욕망을 앞세워 자녀를 힘들게 하지 말고, 하나님께서 자녀에게 주신 꿈이 무엇인지에 집중해야 한다. 그리고 하나님께서 부모인 자신에게 어떤 삶의 의미를 주셨는가에 대해서도 자녀들과 함께 진지하게 찾아보면 좋다. 이런 과정이 가족 안에서 반복될 때 비로소 우리 가정은 하나님의 꿈을 공유하여, 이를 가족의 가치로 만들어 갈 수 있다. 부모는 하나님이 자녀의 주인이심을 고백하며 그 인생을 맡겨야 한다. 자녀들이 무슨 일을 하든지 그 일을 통해 하나님의 영광이 드러나고 사람들의 영혼이 살아나는 것만으로 충분하다고 지지해 주어야 한다.

01
'건전한 가족의 집'에서 우리 가정에 부족한 점은 무엇일까?

02
일주일에 한 번은 자녀들과 얼굴을 마주하고 하나님 앞에서 각자 지난 한 주를 어떻게 살았고, 앞으로의 한 주를 어떻게 살고 싶은지 나누고 있는가?

에필로그

하나님과 동행하기

6주로 기획된 강의 가운데 3주 차 강의가 시작될 무렵, 강의를 들으러 오신 부모님들의 시선이 처음보다 훨씬 따뜻해졌음을 느낄 수 있었습니다. 쉬는 시간이면 제가 나누는 이야기가 공감이 되고 위로가 된다는 말씀도 해주셨습니다.

우리는 죄인인 부모님 밑에서 성장하며 비슷한 아픔과 좌절을 경험하였고, 우리 역시 죄인 된 부모로서 자녀들에게 비슷한 아픔과 좌절을 주고 있다는 데 공감했습니다. 그리고 '자녀를 통해 비쳐지는 내 모습'을 피하지 않고 있는 모습 그대로 하나님 아버지께 나아갈 때 '자신의 아들을 내어 주시기까지 우리를 사랑하신' 그분의 무조건적인 사랑을 경험할 것을 기대했고, 실제로 경험하기도 했습니다.

강의와 집필을 마친 후 내가 한 일의 의미를 되돌아보니, 내가 이를 통해 두 가지 이야기를 전하고 싶었다는 것을 알게 되었습니다.

첫째는, 에덴동산의 하나님을 경험하여, 명령하신 대로 생육하고 번성하자는 것입니다. 생육하고 번성하기 위해서는 이전 세대보다 우리 세대가, 우리 세대보다 다음 세대가 하나님 뜻 가운데 더 분명히 들어와야 합니다. 부모가 자녀의 분노와 우울, 불안과 중독 문제에서 드러난 '나와 부모님과의 관계'를 돌아보고, 회개하여 하나님의 자녀로 다시 성장할 수 있다면, 우리는 분명히 생육하고 번성하라는 하나님의 명령을 잘 수행하게 될 것입니다.

둘째는, 아무리 대한민국 사회가 우리를 흔들어대도, 이 세대를 본받지 말고 하나님의 가치를 자녀에게 잘 전수하자는 것입니다. 우리 이전 세대 부모님들은 비록 전쟁과 가난으로 고생했으나 우리를 보호하고 돌보시는 축복의 하나님을 간절히 바라며, 우리에게 믿음의 유산을 물려주셨습니다. 그렇다면 우리도 경제적 풍요를 누리나 무한 경쟁으로 내몰리는 우리 자녀들에게 필요한 믿음의 유산을 물려주어야 합니다. 때론 하나님 편에 서기 위해 스스로 기쁨과 당당함으로 가난과 낮은 자리를 선택할 수 있는 자녀들을 길러 내야 할 것입니다.

생각이 이에 미치면 '우리가 영적으로 부모님께 받은 것이 별로 없는데…' 하는 자괴감이 들기도 합니다. 그러나 그렇다고 포기할 수는 없습니다. 왜냐하면 예수님께서 이 땅에 오셔서 영적 전투를 마치시고, 단 하나의 전리품으로 남겨 주신 교회가 우리의 무지와 욕심 때문에 힘을 잃어서는 안 되기 때문입니다. 교회 밖 사람들이 '불안하고 우울한 청소년, 중독에 빠진 청소년'이 교회에 가서 하나님을 만나 삶의 중심을 잡고, 자신의 일에 즐겁게 몰두하는 모습을 보고 다시 교회로 몰려드는 광경을 볼 수 있었으면 참 좋겠습니다. 아니, 이런 모습을 보지 못하고 하나님의 부르심을 받더라도 남은 삶을 여기에 드리고 싶습니다.

미주

1) 《쉽게 쓴 정신분석이론》, 최영민 지음, 2010, 학지사

2) *Family Ministry - A Comprehensive Guide(2nd Ed.)*, Garland, Diana R., 2012, IVP

3) 《제자도》, 존 스토트 지음, 김명희 역, 2010, IVP

4) 《복음의 정수: 그리스도의 십자가》, 이한수 지음, 2009, 솔로몬

5) 《단기역동정신치료의 최신 이론과 기법》, 데이비드 말란·리 맥컬러·마이클 알퍼트·로버트 네보르스키·매리언 솔로몬 지음, 노경선 옮김, 2011, 예담

6) 《존 맥아더 팔복》, 존 맥아더(목사) 지음, 전의우 역, 2000, 생명의말씀사

7) 《존 파이퍼의 생각하라》, 존 파이퍼(목사) 지음, 전의우 역, 2011, IVP

8) http:// blog.naver.com/paciboy/220437394896

9) 《바람 불어도 좋아》, 김병년 지음, 2013, IVP

10) 《약물남용 청소년상담 프로그램 Ⅱ》, 이숙영, 최은영 외 지음, 1996, 청소년대화의광장

11) *Basic Principles of Biblical Counseling*, Larry Crabb, 1978, Zondervan

12) 《청소년 학업상담》, 김형태 외 지음, 1996, 청소년대화의광장

13) 《청소년 진로상담》, 장대운 외 지음, 1996, 청소년대화의광장

14) 《학교진로상담》, 김봉환 외 지음, 2006, 학지사

15) 한국콘텐츠미디어

16) 《성경주석: 갈라디아서》, 박윤선 지음, 1985, 영음사

17) 《부부 및 가족상담》, 한재희, 최은영 외, 2013, 학지사